REMPLI DE PUISSANCE !

Amener les Enfants à Recevoir le
Baptême dans le Saint-Esprit

ÉDITION DE LA DÉCENNIE DE LA PENTECÔTE

Philip Malcolm
et Robin Malcolm

Compris

Un plan de leçon pour enseigner aux enfants
sur le baptême dans l'Esprit Saint

Toutes les citations bibliques sont tirées de la Sainte Bible, Nouvelle édition de Genève 1979, par la Société Biblique de Genève.

Malcolm, Philip, -- et Malcolm, Robin, —
Rempli de Puissance: Amener les Enfants à Recevoir le Baptême dans le Saint-Esprit / Malcolm et Malcolm

1. Études bibliques. 2. Théologie. 3. Pentecôtiste. 4. Ministères aux Enfants. 5. Saint-Esprit. 6. Baptême dans l'Esprit Saint

Ce livre est une réimpression de l'ouvrage original de Philip et Robin Malcolm intitulé, *Rempli de Puissance ! Amener les Enfants à Recevoir le Baptême dans le Saint-Esprit.* Publié par les auteurs en 2008. Il est réédité dans cette édition de la Décennie de la Pentecôte avec la permission des auteurs.

ISBN: 978-0-9903008-2-3

Imprimé aux Etats-Unis d'Amérique
Publié par AIA Publications, Springfield, MO, USA
Une publication de la Décennie de la Pentecôte

TABLE DES MATIÈRES

Préface
Édition de la Décennie
de la Pentecôte

Que notre Dieu soit loué pour sa promesse extraordinaire de « …répandre de son Esprit sur toute chair » même sur « nos fils et nos filles. » (Actes 2 :17-18). C'est pourquoi l'équipe de *l'Initiative-Actes en Afrique* est heureuse de vous présenter ce livre, *« Remplis de Puissance : Guider les enfants au Baptême dans le Saint-Esprit, »* écrit par missionnaires auprès des enfants de longue date, Philip et Robin Malcolm. C'est une réimpression de leur livre portant le même titre, publié dans le passé par les « *Outils de Ministère des Enfants d'Afrique.* »

Nous le publions de nouveau à l'occasion du lancement du Thème pour 2015 de la Décennie de la Pentecôte de l'Alliance des Assemblées de Dieu de l'Afrique (l'AADA). Ce thème se base sur la déclaration du Psalmiste en Psaume 71 :17-18 « *…J'annonce ta puissance…à la génération future.* » La Décennie de la Pentecôte, de 2010 à 2020, est un effort coopératif de dix ans qui met l'accent sur le ministère missionnaire animé par le Saint-Esprit de plus de cinquante Églises Nationales de AD au sud du Sahara et sur les îles autour du Continent.

La pierre de touche de cette emphase est le but partagé de voir 10 million de nouveaux croyants baptisés dans le Saint-Esprit et mobilisés comme témoins remplis de l'Esprit, auprès des âmes perdues. Nous croyons fermement qu'à travers cette emphase, des millions de personnes recevront Christ comme Sauveur, des milliers de nouvelles assemblées seront ouvertes, des centaines de nouveaux missionnaires Africains seront déployés et beaucoup de tribus sub-

Sahariennes, jusqu'à présent non évangélisées, seront atteintes par le message transformateur de l'Évangile de Christ.

Nous nous attendons aussi à voir une augmentation prononcée du pourcentage d'enfants baptisés dans le Saint-Esprit. À présent, il est estimé que 5 Million d'enfants et jeunes au-dessous de 15 ans, fréquentent les églises des AD au sud du Sahara. Une effusion puissante du Saint-Esprit sur ces millions d'enfants et jeunes gens pourraient être la semence de réveil pour l'Église, d'une véritable révolution spirituelle dont le résultat sera un avenir brillant pour l'Église en Afrique et pour tout le Continent Africain.

C'est contre le relief de toutes ces pensées que je vous recommande ce livre. J'espère bien que vous vous servirez des faits et suggestions pratiques qu'il contient pour amener beaucoup d'enfants à cette expérience merveilleuse du baptême dans le Saint-Esprit. En outre, j'espère que vous les formerez et les mobiliserez pour atteindre d'autres enfants…et…des adultes aussi, avec le message de l'Évangile.

Dr. Denzil R. Miller,
Directeur
L'Initiative-Actes en Afrique

INTRODUCTION

L'année 2006 a marqué le 100ème anniversaire du mouvement pentecôtiste qui a donné naissance aux Assemblées de Dieu. Ce manuel a pour but de partager les bases de notre héritage pentecôtiste avec nos enfants. Nous sommes convaincus que chaque chrétien a besoin de la puissance du Saint-Esprit à l'œuvre dans sa vie.

Ce manuel n'est qu'une simple introduction à la vie dans l'Esprit. Il ne s'agit nullement d'un cours exhaustif sur le Saint-Esprit. En fait, ce cours insiste principalement sur un aspect clé : le Baptême dans le Saint-Esprit. Nous espérons que ce manuel servira de point de départ qui permettra au Saint-Esprit de devenir un thème central dans votre ministère et dans la vie de vos enfants.

Le matériel qui suit est présenté sous la forme d'une série de questions/réponses. Chaque chapitre étudie brièvement un aspect du Baptême dans le Saint-Esprit. Avant d'entamer la lecture de ce manuel, prenez le temps de lire attentivement Actes 1.3-9 et Actes 2. Le récit détaillé des disciples le jour de la Pentecôte jette les bases de notre étude. Pour en savoir plus sur ce thème et sur le Saint-Esprit en général, nous avons inclus une liste de ressources qui peuvent vous être utiles au cas où vous désireriez approfondir votre étude.

Nous prions que Dieu bénisse votre ministère d'évangélisation auprès des enfants. Que le Saint-Esprit vous accorde le pouvoir de changer votre monde pour Sa gloire !

PARTIE 1:

MANUEL DE L'ENSEIGNANT

Chapitre 1 :

Qui est le Saint-Esprit et que fait-Il ?

Pour amener vos élèves à recevoir le don précieux qu'est le
Baptême dans le Saint-Esprit, vous devez commencer vous-même par
comprendre qui est le Saint-Esprit et ce qu'Il fait.

Imaginez une institutrice incapable de saisir le concept des
mathématiques à un niveau élémentaire. Elle ne pourrait pas
l'enseigner à ses élèves. Même si elle essayait, elle ne ferait que les
embrouiller. De la même façon, si, en tant qu'enseignant spirituel,
vous ne comprenez pas le Saint-Esprit, qui Il est et Sa façon d'œuvrer
dans votre vie et dans la vie de vos élèves, vous ne ferez
qu'embrouiller ces derniers.

Qui est le Saint-Esprit ?

Le Saint-Esprit est Dieu Lui-même. Ce fait est essentiel pour
pouvoir comprendre le Saint-Esprit. Nous croyons en un seul Dieu
véritable qui Se manifeste à nous au moyen de la Trinité. La Trinité,
c'est Dieu manifesté au travers de trois personnes : Dieu le Père, Dieu
le Fils et Dieu le Saint-Esprit.

Les trois personnes existent en même temps et ont en commun
toutes les caractéristiques et la puissance de Dieu. Pourtant chacune

est en même temps indépendante des autres. Nos esprits humains ne peuvent pleinement comprendre le concept de la Trinité. En tant que chrétiens, nous acceptons par la foi que certains aspects de Dieu dépassent notre entendement. Pour les besoins de cette étude, il est uniquement important que nous comprenions que le Saint-Esprit et Dieu sont une seule et même personne.

Dans Matthieu 28.19, Jésus affirme que le Saint-Esprit est Dieu lorsqu'Il dit aux disciples d'aller et de faire de toutes les nations des disciples en les baptisant au nom du Père, du Fils et du Saint-Esprit. Les auteurs de la Bible font également référence au Saint-Esprit de la même manière. Les passages de 2 Corinthiens 13.14 et 1 Pierre 1.2 font clairement mention des trois personnes de la Trinité, y compris le Saint-Esprit.

Dans le livre des Actes, les disciples de Jésus parlent souvent du Saint-Esprit en disant qu'Il a les caractéristiques de Dieu et qu'Il accomplit l'œuvre de Dieu. Pour une étude plus approfondie, lisez Actes 1.16 ; 5.3, 9, 32 ; 7.51 ; 8.29, 39 ; 10.19 ; 11.12 ; 13.2, 4 ; 15.28 ; 16.6, 7 ; 20.23, 28 ; 28.25.

Que fait le Saint-Esprit ?

Parce qu'Il est Dieu, le Saint-Esprit accomplit l'œuvre de Dieu. Genèse 1.1, 2 dit clairement que l'Esprit était présent lors de la création du monde. Il est Dieu depuis le commencement et Il est à l'œuvre d'un bout à l'autre de la Bible.

Le Saint-Esprit fait plusieurs choses. Certaines tâches, comme par exemple l'inspiration des Écritures et l'appel des croyants, incombent aux trois Personnes de la Trinité. D'autres fonctions sont uniquement réservées au Saint-Esprit.

Le Saint-Esprit exerce une influence sur la vie d'une personne lorsque cette dernière se convertit. C'est le Saint-Esprit qui sanctifie, ou purifie, notre cœur lorsque nous demandons à Dieu de pardonner nos péchés (2 Thessaloniciens 2.13). Après notre conversion, le Saint-Esprit devient la voix de notre conscience. Il parle à nos cœurs et nous interpelle lorsque nous désobéissons à Dieu (Jean 16.8). Il nous conduit dans la vérité (Jean 16.13-15) et nous console lorsque nous sommes tristes (Jean 14.16, 26).

Le Saint-Esprit aide le croyant rempli de l'Esprit à prier selon le désir de Dieu. Nous ne sommes pas omniscients, par conséquent nous ne savons pas toujours comment prier. Mais le Saint-Esprit, Lui, connaît toutes choses. Il prie par notre intermédiaire lorsque nous parlons en langues, notre langage céleste. Romains 8.26, 27 dit qu'Il intercède en notre faveur.

Le Saint-Esprit fait plusieurs autres choses pour les croyants. Dans ce manuel sur le Baptême dans le Saint-Esprit, nous nous focaliserons sur une chose importante que fait le Saint-Esprit dans notre vie : Il nous donne la puissance de rendre témoignage aux autres.

Les deux premiers chapitres du livre des Actes décrivent en détail la façon dont les disciples ont reçu le don du Saint-Esprit le jour de la Pentecôte. Ce don est immédiatement devenu manifeste lorsque Pierre, qui avait précédemment renié Jésus, s'est mis à prêcher avec assurance les adorateurs qui se trouvaient dans le temple. Le Saint-Esprit peut nous donner la puissance et le courage de parler de Jésus aux autres !

Quiconque accepte le salut que Dieu offre reçoit le Saint-Esprit dans sa vie car le Saint-Esprit et Dieu sont une seule et même personne. Mais la Bible montre clairement que la puissance du Saint-Esprit, appelée « Baptême dans le Saint-Esprit », est un don à part du salut qui nous a déjà été offert.

Les disciples, qui avaient déjà décidé de suivre Jésus plus de trois ans auparavant, ont été remplis du Saint-Esprit le jour de la Pentecôte (Actes 2.4) et se sont mis à annoncer l'Évangile avec assurance. Plus loin, toujours dans le Nouveau Testament, nous trouvons d'autres exemples qui montrent que le don du Saint-Esprit et le don du salut sont différents l'un de l'autre. Dans Actes 19.1-7, Paul demanda aux disciples d'Éphèse (qui étaient déjà croyants) s'ils avaient reçu le Saint-Esprit lorsqu'ils avaient cru. Lorsqu'ils lui répondirent que « non », il pria pour eux et « le Saint-Esprit vint sur eux, et ils parlaient en langues et prophétisaient » (Actes 19.6).

Les Assemblées de Dieu prônent le Baptême dans le Saint-Esprit car le christianisme du Nouveau Testament lui accorde une place importante. En fait, il est si important qu'il constitue l'une des croyances fondamentales de notre association[1]. Cependant, nos enfants ne connaîtront jamais l'expérience pentecôtiste à moins que nous ne la leur communiquions.

---

[1] Le Baptême dans le Saint-Esprit est l'une des « Quatre Vérités Cardinales des Assemblées de Dieu ». Dans une déclaration des quatre vérités cardinales de l'association, les Assemblées de Dieu affirment que « tous les croyants ont droit à la promesse du Père à laquelle ils doivent ardemment s'attendre et qu'ils doivent rechercher avec ferveur, à savoir le baptême par l'Esprit et le feu, selon le commandement de notre Seigneur Jésus-Christ, une expérience communément propre à tous les membres de l'Église chrétienne primitive qui s'accompagne du revêtement de la puissance pour la vie et le service, de dons et de leur utilisation dans l'œuvre du ministère. »

CHAPITRE 2

QU'EST-CE QUE LE BAPTÊME DANS LE SAINT-ESPRIT ?

Avant de remonter au ciel, Jésus a donné aux disciples Ses dernières instructions. Il leur a dit d'être Ses témoins dans le monde entier. Avant qu'ils puissent être Ses témoins, cependant, Il a insisté en disant qu'ils devaient recevoir le don du Saint-Esprit, qu'Il appelle « la promesse du Père » (Actes 1.4, version Segond révisée dite *à la Colombe*), et les a assurés que l'Esprit promis serait pour eux une source de puissance qui les aiderait à accomplir leur mission (Actes 1.8).

Le livre des Actes est un récit merveilleux de l'histoire de l'église du premier siècle, une église qui, en obéissance au commandement de son Seigneur, avait reçu le Baptême dans le Saint-Esprit. En conséquence, ses membres ont pu annoncer l'Évangile de Jésus-Christ dans l'ensemble du monde connu de l'époque. Qu'est donc ce « Baptême dans le Saint-Esprit » qui leur a permis de mener à bien leur entreprise ?

Que me faut-il savoir concernant le Baptême dans le Saint-Esprit ?

Dans le chapitre précédent, nous avons parlé de ce que le Saint-Esprit fait pour les chrétiens. Le Saint-Esprit est à l'œuvre dans la vie de chaque croyant dès le moment de sa conversion. Mais il est important de se souvenir que le Baptême dans le Saint-Esprit est une manifestation à part de l'œuvre accomplie au moment de la conversion. Ces deux événements peuvent parfois être simultanés ou bien avoir lieu à plusieurs jours, plusieurs mois voire même plusieurs années d'intervalle, selon la condition du cœur du croyant.

Cette œuvre du Saint-Esprit, que nous appelons « baptême », est un revêtement de la puissance spirituelle. Cette puissance nous est donnée pour une raison spécifique, à savoir pour nous aider à accomplir la mission de Dieu. C'est pour cette raison que Jésus a dit à Ses disciples de rester à Jérusalem jusqu'à ce qu'ils reçoivent le don du Saint-Esprit afin d'être revêtus de la puissance nécessaire pour être Ses témoins et faire de toutes les nations des disciples (Actes 1.8).

Le Baptême dans le Saint-Esprit est pour tous ceux qui ont déjà accepté Jésus comme leur Seigneur et Sauveur. Tandis que les croyants priaient le jour de la Pentecôte, « ils furent tous remplis du Saint-Esprit, et se mirent à parler en d'autres langues, selon que l'Esprit leur donnait de s'exprimer » (Actes 2.4). Personne n'a été exclu. Les apôtres n'ont pas été les seuls à être remplis de l'Esprit ; il y avait également des hommes et des femmes dans ce groupe de 120 personnes. L'apôtre Pierre s'adressa aux badauds et leur dit qu'après s'être repentis et avoir cru en Jésus, ils seraient remplis de l'Esprit. Il leur dit : « Car la promesse est pour vous, pour vos enfants, et pour tous ceux qui sont au loin, en aussi grand nombre que le Seigneur notre Dieu les appellera » (Actes 2.39). Le Baptême dans le Saint-Esprit est une promesse pour quiconque a mis sa foi en Jésus-Christ et est devenu membre de la famille de Dieu.

Le Baptême dans le Saint-Esprit marque le commencement d'une vie remplie de l'Esprit. Grâce à ce don de puissance dans nos vies, le Saint-Esprit peut nous aider à vivre selon les enseignements de Christ et à triompher du péché (Romains 8.4-5). Il peut nous aider à croître sur le plan spirituel et à développer le « fruit de l'Esprit. » Les caractéristiques telles que l'amour, la joie et la paix se développeront en même temps que le ministère spirituel dans nos vies. (Voir Galates 5.22-25 pour une liste complète du fruit de l'Esprit.)

Pour finir, il est important de savoir que le Baptême dans le Saint-Esprit est un don de Dieu, un don gratuit. Il ne se mérite pas. Il suffit simplement de le demander. Dans Luc 11.13, Jésus dit que le Père donnera le Saint-Esprit à ceux qui Le demandent.

Cela ne veut pas dire que tous ceux qui demandent ce don le recevront immédiatement. Dieu, dans Sa sagesse infinie, baptisera chaque croyant à partir du moment où le cœur de ce dernier est droit devant Lui. Les croyants recevront le don du Saint-Esprit dès que Dieu estimera qu'ils sont prêts à utiliser cette puissance avec discernement et à assumer la responsabilité y afférente. Les disciples ont reçu le don le jour de la Pentecôte, mais sachez qu'ils attendaient et priaient depuis plusieurs jours avant de le recevoir.

Comment puis-je savoir si j'ai reçu ce don ?

S'il suffit simplement de demander à Dieu de vous baptiser dans le Saint-Esprit, comment pouvez-vous donc savoir lorsque vous recevez ce don ? Le Saint-Esprit est invisible, alors comment saurez-vous que vous avez été rempli de Sa puissance ?

Jésus a comparé le Baptême dans le Saint-Esprit au baptême d'eau (Actes 1.5). Lorsqu'un croyant est baptisé d'eau, il est recouvert d'eau. Lorsqu'il sort de l'eau, sa peau et ses vêtements sont imbibés d'eau. Les personnes autour de lui sont témoins de son baptême car il est tout mouillé !

Le Baptême dans le Saint-Esprit est une expérience similaire. Vous ressentez ce qui arrive de même que vous sentez l'eau qui dégouline sur votre peau lorsque vous passez par les eaux du baptême. Il ne s'agit pourtant pas simplement d'un sentiment ; c'est une expérience réelle. Tous ceux ont été baptisés dans le Saint-Esprit savent sans aucun doute quand et où cela s'est passé. Plus important encore, ils savent qui les a baptisés, car il n'y a qu'une seule personne capable de les baptiser ainsi : notre Seigneur Jésus-Christ ! « Il vous baptisera dans le Saint-Esprit » (Marc 1.8).

Dieu nous a également donné un signe visible, l'évidence que nous avons reçu Son don. La Bible appelle ce signe « le parler en langues ». Il s'agit de la première preuve manifeste du Baptême dans le Saint-Esprit. Parler en langues signifie que la personne qui est baptisée commence à parler une langue qu'elle ne connaît pas et qu'elle n'a jamais apprise. Ce type de langue est parfois appelé langage de la prière ou langage céleste.

Le livre des Actes rapportent à cinq reprises différentes les fois où des croyants ont été baptisés de l'Esprit. Trois de ces passages racontent l'événement en détail, et le parler en langues est mentionné dans chacun des cas (Actes 2, 10, 19). Actes 10 dit clairement que le parler en langues est la preuve évidente du Baptême dans le Saint-Esprit.

Tous les fidèles circoncis qui étaient venus avec Pierre furent étonnés de ce que le don du Saint-Esprit était aussi répandu sur les païens. Car ils les entendaient parler en langues et glorifier Dieu (Actes 10.45, 46).

Le livre des Actes mentionne deux autres récits de croyants ayant été baptisés dans le Saint-Esprit, mais aucun détail n'est donné. Toutefois, l'auteur des Actes laisse clairement sous-entendre que le parler en langues était présent dans les deux cas. Dans Actes 8, Simon a vu quelque chose qui l'a poussé à vouloir acheter un tel don (très probablement le parler en langues). Dans Actes 9, nous lisons que Saul (qui, plus tard, est devenu Paul) est rempli de l'Esprit ; aucun autre détail n'est mentionné. Cependant, Paul a déclaré plus tard : « Je parle en langues plus que vous tous » (1 Corinthiens 14.18). Nous pouvons donc logiquement conclure qu'il a commencé à parler en langues au moment de son Baptême dans le Saint-Esprit.

La Bible est donc claire à ce sujet : le parler en langues accompagnait toujours le Baptême dans le Saint-Esprit. Il convient cependant d'ajouter que le parler en langues n'est que la preuve initiale qu'une personne a été remplie et que ce n'est ni le but ni la raison d'une telle manifestation.

Comme nous l'avons dit précédemment, le Baptême dans le Saint-Esprit est un revêtement de puissance. Le Baptême dans le Saint-Esprit dans la vie du chrétien peut également se manifester au travers de son témoignage, du fruit de l'Esprit dans sa vie et d'une vie de prière puissante. Ce n'est pas parce qu'un croyant parle des langues inconnues qu'il a automatiquement atteint le summum de la foi chrétienne. Au contraire, c'est le signe d'un commencement, le commencement de Dieu le Saint-Esprit qui revêt le croyant de la puissance nécessaire pour accomplir Son œuvre.

Le Baptême dans le Saint-Esprit accompagné de la preuve initiale du parler en langues est la promesse de Dieu le Père faite à chaque chrétien, quel que soit son âge. Permettez aux enfants de votre église non seulement de rencontrer Celui qui baptise mais aussi d'être, eux-mêmes, revêtus du Saint-Esprit. Commencez dès à présent à enseigner cette vérité aux enfants et à leur permettre de faire l'expérience personnelle de la puissance du Saint-Esprit !

Les enfants ont-ils besoin du Baptême dans le Saint-Esprit et peuvent-ils le recevoir ?

Une jeune fille était venue assister au camp chrétien que nous organisions pour les enfants. Elle avait dix ans et elle n'était pas issue d'une famille chrétienne. En fait, elle ne venait à notre église que depuis peu. C'était la première fois qu'elle entendait le message de l'Évangile ; elle accepta Jésus comme son Sauveur lors de la première réunion du camp.

Le jour d'après, le prédicateur prêcha sur le Baptême dans le Saint-Esprit. Après le message, la jeune fille s'approcha du devant de la salle pour prier. Elle continua à prier plus longtemps que la plupart des autres enfants présents, et bientôt elle se mit à louer le Seigneur dans une autre langue. Elle avait été remplie du Saint-Esprit avec, comme signe, le parler en langues !

Après la réunion, je lui ai demandé de me dire, à sa façon, ce que Dieu avait fait pour elle. Elle m'a dit : « Je ne sais pas ce que cela veut dire, mais pendant que je priais et que je demandais à Dieu de me remplir du Saint-Esprit, j'ai ouvert les yeux et j'ai levé le regard vers le ciel. J'ai vu un oiseau blanc descendre du ciel et se poser sur

CHAPITRE 3 : LES ENFANTS ONT-ILS BESOIN DU BAPTÊME DANS
LE SAINT-ESPRIT ET PEUVENT-ILS LE RECEVOIR ?

ma tête. Puis, il a disparu. Lorsque j'ai ouvert la bouche pour louer Jésus, des mots nouveaux sont sortis, exactement comme le prédicateur l'a dit ! »

À mesure que je l'écoutais raconter son expérience, j'ai réalisé que cette petite fille ne pouvait pas inventer la vision de l'oiseau qui était descendu du ciel. Elle ne connaissait pas l'histoire du baptême de Jésus (voir Matthieu 3.13-17) et, ce soir-là, le prédicateur n'avait jamais dit que la colombe (un oiseau blanc) était l'un des symboles qu'utilise la Bible pour parler du Saint-Esprit. Son expérience était authentique. Dieu avait déversé Sa puissance d'une façon merveilleuse sur cette enfant et Il lui avait donné une vision pour lui expliquer ce qu'Il avait fait.

Le Baptême dans le Saint-Esprit est-il destiné aux enfants ?

Lorsque Dieu a parlé par l'intermédiaire du prophète Joël concernant l'effusion future de Son Saint-Esprit, Il a clairement inclus les enfants.

Par la suite, dit le Seigneur, je répandrai mon Esprit sur tout être humain. Vos fils et vos filles deviendront prophètes, je parlerai par des rêves à vos vieillards et par des visions à vos jeunes gens. Même sur les serviteurs et les servantes, je répandrai mon Esprit en ces jours-là (Joël 2.28-29, version de la Bible en français courant).

Le terme original hébreu, *kol basar*, signifie littéralement « toute chair ». Dieu a promis de répandre Son Saint-Esprit sur tous : les filles, les filles, les anciens, les jeunes gens et les femmes. Tout le monde.

22

Le jour de la Pentecôte, l'apôtre Pierre s'est tenu devant la foule étonnée et expliqua les événements de la journée : l'effusion du Saint-Esprit et le signe du parler en langues. Dans Actes 2.16-21, il établit un lien entre la prophétie de Joël et ce qui était arrivé ce jour-là. Puis il continue en disant :

> *... et vous recevrez le don du Saint-Esprit. Car la promesse est pour vous, pour vos enfants, et pour tous ceux qui sont au loin, en aussi grand nombre que le Seigneur notre Dieu les appellera (Actes 2.38-39).*

Les paroles de Pierre nous rappellent que la promesse du Baptême dans le Saint-Esprit était disponible et qu'elle continuerait de l'être, que ce soit pour les personnes présentes ce jour-là, pour leurs enfants et pour les païens.

Il est évident que le but de Dieu n'était pas de limiter le don du Saint-Esprit aux personnes au-dessus d'un certain âge. Aucune limite d'âge n'est mentionnée dans l'Écriture en ce qui concerne le don de l'Esprit. N'importe quel enfant, du moment où il a accepté Christ comme son Sauveur, peut être baptisé dans le Saint-Esprit.

Les enfants ont-ils besoin d'être baptisés dans le Saint?

Les enfants ont besoin d'être baptisés dans le Saint au même titre que les adultes. Ils ont besoin de l'aide du Saint-Esprit pour vaincre le péché ; les enfants ne sont pas à l'abri de la tentation. Ils ont également besoin de Son aide pour développer le fruit de l'Esprit dans leur vie. Ils ont besoin de Son réconfort et de Ses enseignements, ainsi que de la puissance nécessaire pour rendre témoignage.

Les enfants remplis du Saint-Esprit sont des évangélistes puissants et efficaces. Ils peuvent aller dans des endroits que les adultes ne peuvent souvent pas atteindre comme, par exemple, les écoles publiques et les terrains de jeux des enfants du voisinage. Ils peuvent toucher les personnes qui ne tiennent aucun cas de ce que leur disent les adultes et peuvent parler sans crainte et sans honte. Par exemple, un musulman peut entendre le message de l'Évangile en écoutant parler un enfant, mais ce même homme ne s'arrêterait jamais pour écouter un pasteur ou un missionnaire annoncer le message chrétien. Les enfants ont besoin de la puissance du Saint-Esprit afin de pouvoir mettre à profit les occasions uniques qui leur sont offertes d'être des témoins pour Christ.

Bien entendu, chaque enfant se développe à son propre rythme. Les enfants les plus jeunes peuvent ne pas être prêts à recevoir le Saint-Esprit et ne pas comprendre qui Il est. Quoi qu'il en soit, nous pouvons tout de même préparer leurs cœurs à Le chercher et à Le recevoir plus tard. L'agriculteur qui attend la saison de la moisson pour planter ses graines ne récoltera jamais rien. De la même façon, enseigner sur le Saint-Esprit plante des graines dans le cœur des enfants et, un jour, ces graines arriveront à maturité.

Dieu sait lorsqu'un enfant est prêt à Le recevoir. Il ne leur donnera rien qu'ils ne soient en mesure d'utiliser. En tant qu'enseignants, nous avons la responsabilité de donner à Dieu toutes les occasions d'œuvrer dans la vie d'un enfant. Lorsque nous présumons qu'un enfant est trop jeune pour recevoir ou comprendre l'expérience pentecôtiste, nous privons Dieu de la chance de faire quelque chose de merveilleux pour cet enfant.

Les enfants peuvent-ils être baptisés dans le Saint?

Jacques avait huit ans lorsqu'il assista à un rassemblement pour enfants de pasteurs. Les parents de Jacques étaient missionnaires et

CHAPITRE 3 : LES ENFANTS ONT-ILS BESOIN DU BAPTÊME DANS
LE SAINT-ESPRIT ET PEUVENT-ILS LE RECEVOIR ?

Jacques avait accepté Jésus comme son Sauveur à un très jeune âge.
Lors d'un culte spécial, Jacques entendit parler du Baptême dans le
Saint-Esprit. Ce n'était pas la première fois qu'il en entendait parler
mais, cette fois-ci, le message interpella son jeune cœur, et il
demanda au Seigneur de le remplir de Sa puissance.

Le moniteur de Jacques pria avec lui et, lorsque ses parents
vinrent le chercher, il priait en langues. Ses parents se joignirent à lui
et se mirent à pleurer de joie. Lorsque ses parents lui demandèrent de
leur raconter ce qui s'était passé, Jacques répondit : « J'ai juste
demandé à Dieu de multiplier Sa puissance dans ma vie, et c'est ce
qu'Il a fait. »

La nuit suivante, les parents de Jacques venaient juste d'éteindre
les lumières après avoir mis les enfants au lit lorsque Jacques entra
dans leur chambre en pleurs. Craignant qu'il ne soit malade, sa mère
lui demanda ce qui n'allait pas.

« Je priais dans mon lit » dit-il, « lorsque Dieu m'a dit qu'Il
voulait que je sois missionnaire. Il veut que j'aille parler de Jésus aux
enfants. » Jacques mentionna le nom d'un pays, un pays fermé aux
missionnaires.

Les parents de Jacques étaient enchantés de la nouvelle. Ils
s'assirent pour prier avec lui et lui rappelèrent que le pays où Dieu
l'avait appelé était un endroit difficile pour un missionnaire. Jacques
allait devoir continuer à prier car il n'était pas permis aux
missionnaires d'aller dans ce pays.

Quelques nuits plus tard, la même chose se reproduisit. Les
parents de Jacques venaient d'éteindre la lumière lorsque Jacques
sortit de sa chambre les larmes aux yeux. Il expliqua ceci : « Je priais
pour les enfants de mon pays lorsque Dieu m'a appelé, une fois de

plus, à y devenir missionnaire. Cette fois-ci, Il m'a dit de continuer à prier car, d'ici mes 18 ans, le pays serait ouvert aux missionnaires. »

Aujourd'hui, Jacques a douze ans. Il continue de prier pour ce pays et il envisage toujours de devenir missionnaire auprès des enfants ; la puissance du Saint-Esprit est évidente dans sa vie. Il parle de Jésus à ses amis et leur demande s'ils Le connaissent ; s'ils ne Le connaissent pas, il leur parle de Lui. Il partage l'amour de Dieu avec les autres.

Je sais que les enfants ont besoin d'être baptisés dans le Saintautant que les adultes. Cela fait maintenant quinze ans que je travaille parmi les enfants et j'ai vu bien des enfants dans bien des cultures vaincre les tentations et surmonter les contraintes. J'ai vu des enfants amener leurs amis, leurs familles et d'autres adultes au Seigneur grâce à la puissance du Saint-Esprit dans leur vie.

J'ai assisté au Baptême dans le Saint-Esprit de plusieurs enfants. Lors d'un camp de jeunes, j'ai vu une jeune fille remplie de puissance et je l'ai écoutée me raconter la vision que Dieu lui avait donnée. D'autres enfants ont été baptisés de l'Esprit, que ce soit lors de camps de jeunes, de réunions pour enfants, de cultes et même chez eux.

Je sais que les enfants qui sont baptisés dans le Saintet qui entretiennent leur foi s'épanouiront. J'en ai la preuve chaque jour ; Jacques, le jeune garçon appelé à devenir missionnaire à l'âge de huit ans, est mon fils.

Voici ce qu'écrit James K. Bridges, trésorier général des Assemblées de Dieu des États-Unis, dans un article sur notre héritage pentecôtiste :

Le Baptême dans le Saint-Esprit est un élément important de
notre héritage pentecôtiste. C'est la base même sur laquelle les
Assemblées de Dieu ont été fondées. Pourtant je crains que la
prochaine génération ne soit désavantagée dès le départ car le
Saint-Esprit passe souvent au second plan dans les actions auprès
des enfants. Si nous voulons que cette prochaine génération soit
une génération pentecôtiste, nous devons alors, en tant que
dirigeants, leur enseigner et nous assurer que cet héritage leur est
transmis.

Je vous mets au défi, vous, les dirigeants de l'action auprès des
enfants, de donner libre cours au Saint-Esprit durant les cours que
vous enseignez et durant vos cultes. Permettez-Lui d'agir. Donnez
aux enfants le temps d'être remplis. Encouragez-les à prier en
langues et à participer aux dons du Saint-Esprit. Nous DEVONS
nous engager à transmettre l'héritage du Saint-Esprit à la
prochaine génération. C'est bien là notre responsabilité.[2]

---

[2] Pasteur Bridges, James K. « The Baptism in the Holy Spirit », *Fanning the
Flame*. Conseil Général des Assemblées de Dieu, Agence des ministères auprès des
enfants, 20, (Printemps 2006) : 6.

Chapitre 3 : Les enfants ont-ils besoin du baptême dans le Saint-Esprit et peuvent-ils le recevoir ?

CHAPITRE 4

COMMENT PUIS-JE ENSEIGNER À PROPOS DU SAINT-ESPRIT ?

Julie était monitrice d'école du dimanche dans une église de la région. Elle n'était ni pasteur ni professeur d'école biblique mais elle avait décidé que chacun de ses élèves âgés entre onze et douze ans seraient baptisés dans le Saintavant de passer dans la classe supérieure. Une année après l'autre, une classe après l'autre, les garçons étaient remplis du Saint-Esprit. Pour certains, cela se passait pendant le cours, pour d'autres cela avait lieu soit durant le culte pour enfants soit durant le culte du dimanche soir.

Comment Julie arrivait-elle si bien à enseigner à propos du Saint-Esprit ? Elle se préparait, elle et ses élèves, et elle donnait au Saint-Esprit le temps d'agir.

Préparez-vous : à l'image du Saint-Esprit

Vous ne pouvez pas guider une personne là où vous n'avez jamais été. Vous ne pourrez donc pas non plus guider vos élèves dans l'expérience du Baptême dans le Saint-Esprit si vous ne l'avez pas reçu vous-même.

Si vous n'avez pas été baptisé dans le Saint-Esprit avec comme signe le parler en langues, je vous encourage à l'être dès maintenant.

Nous avons déjà vu que Dieu désire accorder ce don à chaque croyant, vous y compris !

Si donc, méchants comme vous l'êtes, vous savez donner de bonnes choses à vos enfants, à combien plus forte raison le Père céleste donnera-t-il le Saint-Esprit à ceux qui le lui demandent (Luc 11.13).

Les enfants apprennent en imitant. Si vous menez une vie remplie de l'Esprit en face de vos élèves, ils prendront exemple sur vous. En fait, les élèves apprennent mieux en suivant votre exemple qu'en écoutant ce que vous avez à leur dire. Manifestez le fruit de l'amour, de la joie, de la patience, de la douceur, etc. durant le cours. Donnez aux élèves l'occasion de vous écouter prier, vous et d'autres adultes, et adorer, que ce soit en langue vernaculaire ou en langues. Montrez-leur votre enthousiasme pour Dieu dans tout ce que vous faites. Vous êtes en quelque sorte un « spot publicitaire » qui montre la joie qui découle d'une vie remplie de l'Esprit.

Voici ce qu'écrit le pasteur Charles Crabtree, ancien directeur général adjoint des Assemblées de Dieu, à propos de son enfance :

À un très jeune âge, j'écoutais les invités qui se tenaient autour de la table et je les regardais faire, ne réalisant pas que je les jugeais pour voir si leurs actions étaient conformes à leurs paroles. Leurs actions viendraient soit étayer leurs paroles, soit annuler tout ce qu'ils venaient de dire.[3]

---

[3]Crabtree, pasteur Charles. « The Holy Spirit in Me », *Fanning the Flame*. Conseil Général des Assemblées de Dieu, Agence des ministères auprès des enfants, 20, (Printemps) : 12-13.

Le pasteur Crabtree explique que ceux qui exercent une fonction
de leadership sur les enfants doivent mener une vie chrétienne
remplie de l'Esprit, une vie irréprochable, autrement les enfants
auront une idée voilée et inexacte de la Pentecôte. Jésus a fait une
forte impression sur le monde tout simplement parce qu'Il n'a en rien
dénaturé la vérité de Dieu dans Son cœur et qu'Il l'a annoncée à tous
ceux qui étaient autour de Lui. Il a illustré la vérité à travers Sa vie.

Préparez les enfants : invitez le Saint-Esprit

Dans le chapitre précédent, nous avons dit qu'un agriculteur qui
attend pour planter ses graines n'obtiendra jamais de récolte. S'il veut
obtenir une récolte, il lui faut planter des graines. Pour pouvoir
planter des graines, il doit préparer le sol. Vous pouvez préparer le
cœur des enfants et planter les graines qui permettront au Saint-Esprit
de faire venir la récolte en Son temps.

Invitez le Saint-Esprit à assister à chaque culte. Invitez-Le à Se
manifester régulièrement durant vos cours, que la leçon soit basée sur
Lui ou non. Lors de nombreux cultes, profitez des « teachable
moments »[4] ou « instants pédagogiques » pour préparer le cœur des
élèves à recevoir le Saint-Esprit. Par exemple, lors d'un culte
d'adoration, faites remarquer que le Saint-Esprit est présent. Lorsque
vous racontez une histoire biblique, faites mention de Son nom et
montrez le rôle qu'Il joue dans l'histoire. Après avoir enseigné un
verset à mémoriser, rappelez aux enfants que le Saint-Esprit les aidera
à retenir ce qu'ils ont appris. Plus vous chercherez à impliquer le
Saint-Esprit dans vos cours et plus vous aurez l'occasion d'enseigner
à Son sujet.

---

[4] *Teachable Moment* [instant pédagogique] : Instant qui se prête à
l'enseignement d'une vérité spirituelle que vous n'aviez pas prévu d'initier.
Expression anglophone utilisée en français.

Si le Saint-Esprit est constamment présent dans votre classe, vos élèves apprendront à bien Le connaître. Ils commenceront à Le voir agir dans votre vie et dans la leur. L'avant-goût du Saint-Esprit que vous donnez à vos élèves les incitera à en vouloir toujours plus.

Préparez les enfants : enseignez à propos du Saint-Esprit

En plus du fait de reconnaître qu'Il est présent lors de chaque culte, prévoyez des moments durant lesquels vous enseignerez à propos du Saint-Esprit et du Baptême dans le Saint-Esprit. Dans le cadre de l'école du dimanche ou du culte des enfants, réservez-Lui une leçon une fois tous les trimestres. Vous pouvez également organiser un événement spécial, comme un camp ou une croisade d'évangélisation des enfants, durant lequel/laquelle vous vous focaliserez sur Lui.

Donnez la parole à des personnes qui ont déjà été baptisées dans le Saint-Esprit afin qu'elles puissent faire part de leur expérience aux élèves. Le témoignage d'un adulte ou même d'un autre enfant peut non seulement instruire vos élèves au sujet du Saint-Esprit mais aussi susciter en eux le désir de recevoir ce don dans leur propre vie.

Il est important pour vos élèves de savoir qui est le Saint-Esprit, ce qu'Il fait dans la vie du croyant, ce que signifie « être baptisé », etc. Lorsque les enfants sont en contact avec le Saint-Esprit et qu'ils reçoivent une réponse à leurs questions, ils commencent alors vouloir être remplis de Sa puissance.

Donnez au Saint-Esprit le temps d'agir

Avant d'entamer votre cours, donnez au Saint-Esprit libre accès à vos élèves. Priez pour le culte et, durant vos moments de préparation, demandez au Saint-Esprit de vous guider. Demandez-Lui de Se manifester et de remplir vos élèves de Sa puissance.

Ensuite, durant le culte, donnez-Lui le temps d'agir. Encouragez l'exercice des dons du Saint-Esprit pendant le culte d'adoration. Durant les moments de prière, exhortez les enfants à adorer Dieu dans l'Esprit. Vous pouvez montrer l'exemple ; priez en langues à voix haute pour que les enfants vous entendent. Encouragez les enfants qui ont déjà été remplis à prier pour les autres en utilisant le nouveau langage que Dieu leur a donné.

Laissez carte blanche au Saint-Esprit durant vos cultes peut vouloir dire qu'il vous faudra changer votre leçon au dernier moment. Si l'Esprit vous incite à remanier le plan de votre leçon, écoutez Sa voix et laissez-la vous guider. Il sait beaucoup de mieux que vous ce qui se passe dans la vie de vos élèves. Souvent, lorsque l'Esprit vous interrompt, c'est qu'Il a quelque chose de plus important à faire.

Donnez aux enfants le temps de répondre

Les enfants tireront profit des occasions qui se présentent à eux. Si vous invitez les enfants à s'approcher du devant de la salle pour prier et accepter Jésus dans leur cœur, ils le feront. Mais si c'est la seule chose que vous les invitez à demander, ils ne sauront pas qu'ils peuvent demander autre chose.

Exhortez les enfants à prier pour recevoir le Baptême dans le Saint-Esprit. Priez avec eux et permettez aux enfants qui ont déjà été baptisés dans le Saintde prier pour les autres. Encouragez une attitude d'adoration, même parmi les enfants qui décident de ne pas rechercher le Baptême dans le Saint-Esprit afin que ceux qui désirent prier ne soient pas distraits.

Allouez suffisamment de temps pour que les enfants puissent s'attarder et attendre que l'Esprit se manifeste. Les disciples ont prié pendant plusieurs jours dans la chambre haute avant d'être baptisés dans le Saint-Esprit. Si vous ne réservez que quelques minutes à la fin du culte, les enfants n'auront pas le temps de rechercher et d'écouter la voix de l'Esprit. N'essayez pas de précipiter les choses. Cependant, n'essayez pas non plus de pousser les enfants à prier plus longtemps qu'ils n'en sont capables. Donnez-leur simplement le temps dont ils ont besoin pour prier dans une atmosphère d'adoration et de louange.

Vous pouvez présenter les enfants au Saint-Esprit

Lorsque vous invitez le Saint-Esprit à Se manifester lors de vos cultes, lorsque vous montrez aux enfants comment l'Esprit a changé votre vie et lorsque vous enseignez qui Il est, vous donnez à vos élèves l'occasion de recevoir Son don, un don capable de changer leur vie. Le pasteur David Boyd, directeur de l'Agence national des ministères auprès des enfants des Assemblées de Dieu des États-Unis, écrit ceci :

Permettez-moi de vous encourager, vous, les dirigeants du ministère auprès des enfants, à semer les graines de la soif du Baptême dans le Saint-Esprit dans le cœur de vos enfants. Je sais que dans chaque culte ou cours que vous enseignez les enfants entendent le message du salut et ont l'occasion de répondre à l'appel de Dieu. Mais entendent-ils également parler du don merveilleux du Baptême dans le Saint-Esprit que Dieu désire accorder à chacun d'entre eux ? Savent-ils que ce don leur donnera le courage de prendre position pour Jésus ? Entendent-ils parler du parler en langues qui les aidera dans leur vie de prière ?

Il est facile de passer outre à ce don extraordinaire de Dieu lors des préparations quotidiennes des leçons que vous comptez enseigner à vos élèves. Mais permettez-moi de vous exhorter ; pour ma part, j'ai constaté que lorsque vous donnez régulièrement aux enfants un avant-goût du Saint-Esprit, naîtra en eux le désir de vouloir être remplis. Ce désir deviendra pour eux un sujet de prière fervente. Dieu répondra à ces prières ferventes en baptisant vos enfants du Saint-Esprit.[5]

---

[5] Boyd, pasteur David. « The Holy Spirit and Children », *Fanning the Flame*. Conseil Général des Assemblées de Dieu, Agence des ministères auprès des enfants, 20, (Printemps 2006) : 1-2.

Chapitre 4 : Comment puis-je enseigner à propos du Saint-Esprit ?

CHAPITRE 5

QUEL TYPE DE QUESTIONS LES ENFANTS POSENT-ILS CONCERNANT LE BAPTÊME DANS LE SAINT-ESPRIT ?

Comprendre le Saint-Esprit n'est pas chose facile. Même les adultes, quel que soit leur niveau d'éducation, ont du mal à comprendre. Pour un enfant, le Saint-Esprit peut sembler à la fois incompréhensible et inconnaissable. Dès qu'ils commenceront à vouloir comprendre qui Il est, attendez-vous à ce qu'ils posent des questions.

Encouragez les enfants à poser des questions ! Cela montre qu'ils essaient d'apprendre. Les enfants sont observateurs et curieux. Les dons de l'Esprit peuvent sembler étranges ou effrayants pour un enfant qui ne les a jamais rencontrés. Lorsqu'un enfant pose une question, c'est parce qu'il ne comprend pas quelque chose. Dans ce chapitre, nous étudierons plus en détail les questions fréquemment posées par les enfants concernant le Baptême dans le Saint-Esprit ; nous verrons également comment vous pouvez y répondre.

Et si un enfant pose une question à laquelle je ne sais pas répondre ?

Soyez toujours honnête lorsque vous répondez aux questions des enfants. Si vous ne savez pas la réponse, dites-le-leur. Dites : « Je ne sais pas, mais essayons d'y répondre tous ensemble. » Ensuite, allez consulter un pasteur ou un enseignant, ou bien recherchez vous-même la réponse à la question dans la Parole de Dieu.

Certaines caractéristiques de Dieu demeureront insondables à cause de notre intelligence limitée. Toutefois, Dieu est Celui qui donne la connaissance. Proverbes 2.6 nous dit ceci : « Car l'Éternel donne la sagesse ; de sa bouche sortent la connaissance et l'intelligence. » Et Jacques 1.5 nous rappelle que « si quelqu'un d'entre vous manque de sagesse, qu'il la demande à Dieu, qui donne à tous simplement et sans reproche, et elle lui sera donnée. »

Questions que posent les enfants

1. *Pourquoi est-il important d'être rempli de l'Esprit ?*

    Le Saint-Esprit te donne la force de résister à la tentation de pécher. Tu peux faire appel à Lui et Lui demander de t'aider lorsque tu es confronté à des difficultés. Peut-être es-tu colérique, têtu, égoïste ou autre ; quoi qu'il en soit, lorsque tu es tenté de faire le mal, tu peux demander au Saint-Esprit de t'aider, et Il te donnera la force de faire le bien.

    Le Saint-Esprit te permettra également de comprendre ce que dit la Bible. Jean 16.13 dit que « quand le consolateur sera venu, l'Esprit de vérité, il vous conduira dans toute la vérité. » Il te donnera la sagesse de faire les bons choix et Il te consolera lorsque tu es triste.

Lorsque tu es baptisé ou rempli du Saint-Esprit, Il t'accordera la puissance de rendre témoignage aux autres. Actes 1.8 nous dit ceci : « Mais vous recevrez une puissance, le Saint-Esprit survenant sur vous, et vous serez mes témoins. » Peut-être as-tu peur que tes amis à l'école ou dans le voisinage sachent que tu es chrétien. Le Saint-Esprit te donnera le courage de parler de Jésus à ceux qui t'entourent.

2. **Lorsque je suis rempli du Saint-Esprit, est-ce que je dois parler en langues ?**

Oui. Bien que le parler en langues ne soit pas notre objectif principal, il n'en demeure pas moins qu'il s'agit d'un signe important qui montre que tu as été baptisé de l'Esprit. Voir Actes 2.4 ; 10.44-46 et 19.6, 7 ; ces passages retracent l'expérience de personnes qui ont parlé en langues lorsqu'elles ont été remplies du Saint-Esprit.

Les gens ont généralement le contrôle de leurs paroles et de leur voix. En donnant à Dieu le contrôle total de ta vie, tu dis : « Seigneur, prend ma voix et utilise-la comme bon Te semble. » Parler une langue que tu ne connais pas est le signe que le Saint-Esprit est venu habiter en toi et qu'Il parle au travers de toi.

3. **Quelle langue vais-je parler lorsque je serai rempli de l'Esprit ?**

Ce sera une langue que tu ne connais pas. Peut-être loueras-tu le Seigneur dans une langue que quelqu'un d'autre comprendra. C'est ce qui s'est passé lorsque les disciples ont été remplis du Saint-Esprit à Jérusalem. Il peut également s'agir d'une langue que Dieu seul connaît. Quoi qu'il en soit, ton cœur Le louera au travers de tes paroles.

4. *Comment est-ce que je dois m'y prendre pour demander au Seigneur de me remplir ?*

Premièrement, souviens-toi que tu demandes à Dieu de devenir le maître de ta vie. Si tu demandes à une autre personne de vivre avec toi et de partager ta chambre, il te faudra probablement réaménager quelques meubles pour faire de la place à ce nouvel ami. Ainsi, lorsque tu invites le Saint-Esprit à venir dans ta vie, examine-la. Y a-t-il dans ta vie un péché dont tu dois te défaire ? Dois-tu te débarrasser de certaines choses pour pouvoir Lui faire de la place ? Il doit être plus important que tout autre chose.

Commence à prier. Demande à Dieu de t'accorder la puissance de rendre témoignage de Son amour et de Son salut aux autres. Loue le Seigneur pour l'amour dont Il a fait preuve dans ta vie ; remercie-Le de t'avoir sauvé et de prendre soin de toi chaque jour. Dis-Lui que tu L'aimes. Remercie Jésus et demande au Saint-Esprit de t'aider à manifester ta gratitude de manière plus complète. Crois en la promesse qu'Il a faite de t'accorder la puissance du Saint-Esprit lorsque tu la demanderas. Lorsque tu repenses à tout ce que Jésus a fait pour toi, tu réaliseras que les paroles adéquates te manquent pour Le louer comme il se doit. Demande au Saint-Esprit de louer Jésus au travers de tes lèvres. À mesure qu'Il le fait au moyen d'une autre langue, tu pourras véritablement exprimer ce que tu éprouves dans ton cœur et tu seras rempli de joie.

Prier le Seigneur dans une autre langue lorsque tu es baptisé dans le Saint-Esprit pour la première fois marque le commencement d'une vie de communion avec le Seigneur. Tu grandis sur le plan physique, alors assure-toi bien de grandir sur le plan spirituel également. Tu as besoin du Saint-Esprit pour être un chrétien fort et heureux qui plaît au Seigneur.

CHAPITRE 5 : QUEL TYPE DE QUESTIONS LES ENFANTS POSENT-ILS CONCERNANT LE BAPTÊME DANS LE SAINT-ESPRIT ?

CHAPITRE 6

COMMENT PUIS-JE AIDER LES ENFANTS À PRIER POUR RECEVOIR LE BAPTÊME DANS LE SAINT-ESPRIT ?

En tant que pasteur et missionnaire auprès des enfants, j'ai assisté à de nombreux cultes lors desquels les enfants étaient invités à être baptisés dans le Saint-Esprit. J'ai vu des enfants forcés à s'approcher du devant de la salle par leurs enseignants bien intentionnés. J'ai vu des enfants auxquels on avait dit qu'il fallait qu'ils tombent face contre terre pour recevoir l'Esprit. J'ai vu des enfants que l'on avait chargé de répéter plusieurs fois une phrase sans aucun sens jusqu'à ce qu'ils parlent en langues, et j'ai également vu des enfants rester sur leur siège et refuser de s'approcher de l'autel tout simplement parce que ce qui s'y passait semblait trop effrayant ou étrange. Ce sont des situations regrettables qui ont lieu lorsque les dirigeants et les enseignants ne les instruisent pas suffisamment bien sur le Saint-Esprit ou sur ce qu'ils doivent s'attendre à recevoir.

J'ai aussi vu des enfants s'approcher du devant de la salle de leur propre gré pour prier. Je les ai vus rechercher le Seigneur et désirer sincèrement être remplis de la puissance du Saint-Esprit. Je les ai vus prier les uns pour les autres. Je les ai vus s'attarder autour de l'autel si longtemps que lorsque leurs parents venaient les chercher, ils étaient toujours en train de prier. Les enfants étaient baptisés dans le Saint-Esprit, les familles priaient ensemble et Dieu œuvrait dans la vie de tous.

Votre préparation, votre attitude et vos paroles feront toute la différence pour vos élèves entre une expérience décevante et une rencontre enrichissante avec le Saint-Esprit.

Que dois-je faire pour préparer les enfants à vouloir être baptisés de l'Esprit ?

Si vous voulez que vos élèves prient et reçoivent le Baptême dans le Saint-Esprit, vous devez les préparer bien avant que le prédicateur ne les invite à s'approcher du devant de la salle pour prier et recevoir l'Esprit. En fait, vous devez vous-même vous préparer avant le début du cours ou du culte. Si vous n'avez pas encore été baptisé dans le Saint-Esprit, demandez-Lui dès à présent de vous accorder Sa puissance dans votre propre vie. Demandez à votre pasteur ou à un ancien de votre église de prier avec vous et croyez dans votre cœur que Dieu vous accordera Son don.

Durant vos moments de préparation du cours, demandez à l'Esprit de se mouvoir. Demandez à Dieu d'agir, priez pour vos élèves et priez pour que Dieu vous accorde Son onction lorsque vous enseignez. Entrez dans votre salle de classe entièrement convaincu que Dieu agira dans la vie de vos élèves ce jour-là.

Lorsque vous préparez votre leçon, souvenez-vous que lorsque les enfants s'approchent de l'autel, ils doivent comprendre clairement qui est le Saint-Esprit, pourquoi ils ont besoin d'être baptisés dans le Saintet ce qu'ils demandent à Dieu de leur accorder. Lorsque les enfants seront invités à s'approcher du devant de la salle pour prier et recevoir le Baptême dans le Saint-Esprit, vos élèves seront prêts à rencontrer Dieu, et vous serez prêt à les aider.

Enfin, souvenez-vous que seul le Saint-Esprit peut baptiser un enfant. Vous n'êtes qu'un instrument dont se sert Dieu pour leur enseigner. Priez et préparez-vous ; Dieu Se charge du reste !

Que dois-je dire durant l'appel de consécration autour de l'autel ?

L'appel de consécration autour de l'autel doit être fait dans la douceur et d'une manière tendre et positive. Ce type d'appel est souvent appelé « invitation ». Si vous le considérez comme une invitation, cela vous évitera d'adopter des attitudes, des actions ou des paroles déplacées. Jésus a dit : « Laissez les petits enfants ... venir à moi.... » (Matthieu 19.14), et non pas : « Trainez, soudoyez, poussez, forcez ou menacez-les pour qu'ils viennent à moi.» L'appel de consécration autour de l'autel doit être un moment décisif lors duquel les enfants sont invités à s'approcher pour recevoir ce don de la part de Dieu. Je suis convaincu que Dieu désire Se manifester dans la vie des enfants encore plus que ce que nous pouvons nous imaginer, mais nous devons les laisser répondre à Sa voix et non à la nôtre.

L'appel de consécration autour de l'autel doit être clair. Comme nous l'avons dit précédemment, les enfants doivent réaliser qu'ils viennent pour recevoir le don de puissance du Saint-Esprit. Ils doivent comprendre qu'ils peuvent recevoir ce don du moment où ils ont déjà accepté Jésus. Si vous ne l'avez pas encore fait, le moment est venu pour vous de prier pour les enfants qui veulent accepter Jésus comme leur Sauveur.

Les enfants doivent savoir ce qu'ils sont censés faire lorsqu'ils s'approchent de l'autel. Expliquez-leur qu'il leur suffit simplement de demander à Dieu de leur accorder le don du Saint-Esprit. Dès qu'ils l'ont demandé, ils peuvent continuer de croire que Dieu tiendra Sa promesse. Si vous le désirez, vous pouvez lire ce passage de l'Écriture aux enfants :

> *Demandez, et l'on vous donnera ; cherchez, et vous trouverez ; frappez, et l'on vous ouvrira. Car quiconque demande reçoit, celui qui cherche trouve, et l'on ouvre à celui qui frappe. Quel est parmi vous le père qui donnera une pierre à son fils, s'il lui demande du pain ? Ou, s'il demande un poisson, lui donnera-t-il un serpent au lieu d'un poisson ? Ou, s'il demande un œuf, lui donnera-t-il un scorpion ? Si donc, méchants comme vous l'êtes, vous savez donner de bonnes choses à vos enfants, à combien plus forte raison le Père céleste donnera-t-il le Saint-Esprit à ceux qui le lui demandent (Luc 11.9-13).*

Après qu'ils aient demandé à Dieu de les baptiser dans le Saint-Esprit, encouragez les enfants à louer et à glorifier Dieu à voix haute. Expliquez-leur que Dieu ne force personne à parler en langues. Il ne va pas ouvrir leur bouche à leur place ; ils doivent eux-mêmes émettre un son. Ce n'est qu'à ce moment-là que Sa puissance sera déversée et que de nouvelles paroles sortiront de leurs bouches. Lorsque le Saint-Esprit leur donne des paroles à dire, il leur faut les prononcer par la foi.

Invitez les enfants à s'approcher de l'autel pour prier. Si vous n'avez pas d'autel dans votre salle de classe, dites aux enfants de s'approcher du devant de la salle. Il est important d'avoir, dans la classe, un endroit réservé à la prière afin que les enfants puissent quitter leurs chaises et s'y rendre. En se déplaçant, les enfants démontrent physiquement leur désir de changement spirituel.

Lorsque vous invitez les enfants, encouragez-les à faire le bon choix et à s'approcher d'eux-mêmes de l'autel. Ils ne doivent pas attendre de voir si leurs amis s'avancent pour décider de s'avancer eux-mêmes et ils n'ont pas besoin d'attendre qu'un adulte vienne prier avec eux. Ils doivent répondre à la voix de Dieu et commencer à prier dès qu'ils arrivent près de l'autel. Ils peuvent se tenir debout, s'asseoir ou s'agenouiller pour prier ; la position qu'ils adoptent n'est pas aussi importante que l'attitude de leurs cœurs.

Rappelez aux enfants qu'ils devront être patients et attendre que le Seigneur se manifeste. Il est peu probable que Dieu les baptise de Son Saint-Esprit immédiatement. Le jour de la Pentecôte, les disciples ont dû prier pendant plusieurs jours avant que Dieu Se manifeste. Vos élèves n'auront pas à prier des jours durant pour que Dieu les remplisse, certes, mais ils doivent tout de même continuer à prier et à demander. S'ils abandonnent après quelques minutes et retournent s'asseoir sur leur chaise, ils risquent de passer à côté de quelque chose d'extraordinaire !

Que doivent faire les enfants une fois rassemblés autour de l'autel ?

Si vous les avez clairement appelés à se rassembler autour de l'autel pour se consacrer au Seigneur, les enfants sauront ce qu'il leur faut faire avant de s'approcher du devant de la salle pour venir prier. Cependant, certains auront besoin d'être encouragés pendant qu'ils prient. Rappelez-leur de faire les choses suivantes :

Demander : Ils doivent demander au Seigneur de les remplir de Son Saint-Esprit ; ils doivent formuler leur demande à voix haute et à leur façon, c'est-à-dire avec leurs propres mots. Ils doivent continuer à prier et à attendre que Dieu Se manifeste.

Pendant qu'ils attendent, ils peuvent louer le Seigneur pour tout ce qu'Il a fait pour eux.

Croire : Dieu a promis d'accorder ce don à ceux qui le demandent. Mais nous devons demander par la foi, convaincu que Dieu tiendra Sa promesse. Jésus a dit : « C'est pourquoi je vous dis : Tout ce que vous demanderez en priant, croyez que vous l'avez reçu, et vous le verrez s'accomplir » (Marc 11.24). Nous devons croire que les paroles que nous entendons dans nos cœurs et nos esprits y ont été mises par le Saint-Esprit.

Recevoir : Lorsque nous entendons les paroles du Saint-Esprit dans nos cœurs et que nous sommes remplis de Sa puissance, nous ne devons pas avoir peur de les prononcer à voix haute. Parfois, le nouveau langage de la prière ne commence que par un ou deux mot(s). Quels que soient les mots que le Saint-Esprit place dans votre cœur, prononcez-les haut et fort par la foi. C'est le premier signe indicateur du Baptême dans le Saint-Esprit.

Enfin, rappelez aux enfants d'être respectueux durant ces moments bénis. Qu'ils choisissent ou non de s'approcher de l'autel pour prier, ce n'est pas le moment pour eux de parler avec leurs amis, de jouer ou de distraire leurs voisins.

Que doivent faire les moniteurs durant les moments de consécration ?

Le culte de consécration est le moment le plus important durant lequel l'enseignant, l'animateur ou le maître auxiliaire doit se manifester et entourer les enfants. Le culte de consécration est la raison même de notre ministère auprès des enfants : permettre à Dieu d'agir dans leurs vies.

Chaque animateur doit être préparé à l'avance. Demandez-leur de se joindre à vous dans la prière une semaine avant la leçon. Dites-leur de prier pour vous durant votre préparation, pour les enfants et pour que le Saint-Esprit déverse Sa puissance souveraine. Jésus a dit que lorsque nous nous rassemblons pour prier ensemble, c'est alors que se produit quelque chose de merveilleux.

Je vous dis encore que, si deux d'entre vous s'accordent sur la terre pour demander une chose quelconque, elle leur sera accordée par mon Père qui est dans les cieux. Car là où deux ou trois sont assemblés en mon nom, je suis au milieu d'eux (Matthieu 18.19-20).

Si les autres animateurs n'ont jamais été baptisés dans le Saint-Esprit, encouragez-les à l'être dès à présent. Si vous le désirez, rassemblez-vous avec vos compagnons d'œuvre afin de prier pour recevoir le Saint-Esprit à un horaire et dans un endroit différents du culte des enfants. Vous pouvez même inviter le pasteur à venir prier avec vous.

Lorsque le moment est venu pour vous d'inviter les enfants à s'approcher de l'autel, les animateurs doivent s'approcher avec eux. Ils peuvent prier avec les enfants, l'un après l'autre ; dites-leur de prier en utilisant leur propre langage de prière. Le fait d'entendre d'autres personnes prier en langues permettra aux enfants de commencer à prier sans ressentir aucun embarras.

Dans les chapitres précédents, nous avons dit que le parler en langues est le signe initial du Baptême dans le Saint-Esprit. D'autres signes peuvent apparaître comme, par exemple, le bruit d'un vent impétueux, des prophéties, des visions, des pleurs, des rires et des larmes. Parfois les enfants, garçons et filles, se mettent à pleurer et à implorer, mais l'Esprit ne se manifeste qu'après qu'ils se soient calmés. Les animateurs sauront qu'un enfant a été rempli de l'Esprit de Dieu lorsque celui-ci commence à parler en d'autres langues selon que l'Esprit lui donne de s'exprimer.

Les animateurs doivent également être disponibles pour répondre aux questions des enfants et pour les encourager. Ils ne doivent en aucun cas mettre des paroles dans la bouche des enfants en leur disant quoi dire ni leur dire qu'ils ont été remplis de l'Esprit. Au contraire, lorsqu'ils entendent un enfant prier en langues, ils peuvent demander à l'enfant s'il parle en langues. Si la réponse est « oui », alors demandez à l'enfant de raconter ce que le Saint-Esprit a fait dans sa vie. Lorsque l'enfant formule à sa façon ce qui lui est arrivé, alors l'expérience devient réelle pour lui et tout le mérite est attribué au Saint-Esprit.

Si nécessaire, les animateurs peuvent légèrement toucher l'enfant pour lui faire savoir que quelqu'un prie pour lui. Une main sur l'épaule, sur le dos ou sur la tête, pas besoin d'en faire plus. Il n'est en aucun cas acceptable de renverser l'enfant, de le maintenir au sol ou d'avoir recours à n'importe quel type de force pour simuler une expérience avec le Saint-Esprit. Le Saint-Esprit use de douceur et ne s'impose jamais. Nous devons agir de même.

Enfin, les animateurs doivent garder un œil vigilant sur les distractions dans la salle. Rappelez aux enfants qui ne prient pas de faire preuve de respect. Demandez gentiment aux enfants qui, au lieu de prier, dérangent les autres d'aller se rasseoir ou bien invitez-les à quitter la salle.

Comment et à quel moment dois-je clore le culte ?

On ne sait pas toujours quand il convient de clore le culte et de laisser sortir les enfants. Dans la plupart des cultes de consécration auxquels j'ai assisté, certains enfants prient pendant quelques minutes, puis vont se rasseoir, alors que d'autres continuent de chercher l'Éternel de tout leur cœur. Souvent, la décision de clore le culte dépend de deux facteurs : des parents qui viennent chercher leurs enfants et des enfants qui sont restés sur leur chaise et qui deviennent impatients et commencent à distraire les autres.

Il est important de terminer le culte sur une note positive. Lorsque vous sentez que le moment est venu pour vous de dire un dernier not, adressez-vous à ceux qui prient toujours en leur disant d'une voix douce qu'ils peuvent continuer à prier aussi longtemps qu'ils le désirent.

Rappelez aux enfants qui ont quitté l'autel sans avoir été baptisés dans le Saintque Dieu a entendu leurs prières et qu'Il était avec eux, qu'ils aient parlé en langues ou non. Il les remplira lorsqu'ils seront prêts à recevoir Son don, et parfois cela arrive lorsqu'on s'y attend le moins. Lors d'un camp, une jeune fille priait tous les soirs. Ce n'est qu'après qu'elle soit rentrée chez elle, avec son père et sa mère, que Dieu lui a permis de prier en langues. Après cela, elle a imposé les mains à ses parents qui ont été, eux aussi, baptisés de l'Esprit. Encouragez ces enfants à marcher par la foi et à continuer à demander au Seigneur de leur accorder la puissance du Saint-Esprit.

Expliquez aux enfants qui ont été baptisés dans le Saintet qui ont parlé en langues qu'ils peuvent dès lors prier en langues à n'importe quel moment. Leur langage de prière est un don que leur a accordé le Saint-Esprit et dont ils peuvent jouir quand ils le désirent. C'est un langage à utiliser lorsque l'on prie chaque jour.

Invitez les enfants qui ont été remplis du Saint-Esprit à rendre leur témoignage. Laissez-leur expliquer à leur façon ce qui leur est arrivé. Leur témoignage montrera aux autres enfants qu'il s'agit d'une expérience bel et bien réelle et qu'ils peuvent la faire, eux aussi.

Le culte de consécration peut être une expérience bouleversante. Les moments que vous passez en classe dans la présence de Dieu sont des moments bénis qui ont un impact sur la vie de vos élèves. Je prie que vous ayez toujours à cœur d'amener vos enfants à vouloir se consacrer au Seigneur en recherchant le Baptême dans le Saint-Esprit et que vous ayez l'honneur d'assister à ces moments.

Comment puis-je aider les enfants à grandir dans l'Esprit ?

Un jeune homme travaillait en tant qu'apprenti dans l'atelier de menuiserie de son père. Le jour de ses quinze ans, son père lui a fait un cadeau : un jeu magnifique d'outils de menuisier. Le garçon prit alors la décision suivante : « Je vais ouvrir mon propre atelier de menuiserie. Grâce au cadeau de mon père, j'ai tout ce qu'il me faut. Comme mon père, je peux fabriquer des meubles. » Il quitta l'atelier de menuiserie de son père et alla monter sa propre entreprise.

Peu de temps après, il est devenu évident que le jeune garçon n'était pas prêt à fabriquer des meubles. Il avait du mal à couper les planches droites. Il essaya de les poncer, mais il perdit patience et renonça à les polir. Les étagères et les bureaux qu'il construisait n'étaient pas solides.

Frustré, le garçon revint vers son père et lui dit : « Papa, pourquoi est-ce que je n'y arrive pas ? Tu m'as donné ces outils magnifiques, alors pourquoi est-ce que je n'arrive pas à faire mon travail ? »

« Mon fils » lui répondit son père « je t'ai donné les outils dont tu as besoin pour réussir, mais tu n'as pas pris le temps d'apprendre à les utiliser. »

Lorsqu'un croyant est baptisé dans le Saint-Esprit, il reçoit les outils nécessaires pour accomplir une tâche. La puissance que le Saint-Esprit déverse dans nos vies est l'outil qui nous aidera à toucher les autres et à leur faire part du plan de rédemption de Dieu. À l'image du fils du menuisier, avant de pouvoir mener à bien la tâche qui nous a été confiée, nous devons d'abord apprendre à utiliser l'outil.

L'expérience qu'ont faite les élèves lorsqu'ils ont reçu le Saint-Esprit n'est qu'un commencement ; vous avez à présent la responsabilité de les aider à grandir et à mûrir dans l'Esprit. Les enfants peuvent s'entraîner à utiliser le don du Saint-Esprit lors des cultes de trois façons simples.

Communiquez la joie

Réjouissez-vous lorsqu'un enfant est baptisé dans le Saint-Esprit. Annoncez-le et encouragez l'enfant à l'annoncer autour de lui également. Permettez à l'enfant de se lever et de partager son témoignage avec d'autres enfants et avec des adultes ; cela édifiera sa foi et viendra confirmer l'œuvre de Dieu dans sa vie. Son témoignage encouragera les autres à rechercher le même don.

Priez chaque jour

Donnez aux enfants l'occasion de prier en langues durant les cultes pour enfants. Le culte d'adoration et de louanges s'y prête tout particulièrement, mais ne vous y limitez pas. Demandez au Seigneur de vous guider et permettez aux enfants de développer leur relation avec le Saint-Esprit.

Encouragez les enfants qui ont reçu le Saint-Esprit à s'ouvrir quotidiennement au Saint-Esprit afin qu'Il puisse prier au travers d'eux. Cela « édifie » le croyant (1 Corinthiens 14.4). Il convient de rappeler aux enfants qui ont reçu la puissance du Saint-Esprit que cette même puissance les accompagne lorsqu'ils vont à l'église, à l'école ou chez eux.

Utilisez le don

Donnez aux enfants l'occasion de mettre à profit la puissance du Saint-Esprit dans leur ministère. Cela leur permettra de grandir. Donnez-leur l'opportunité de diriger, et même d'organiser, le culte de louanges et d'adoration. Formez une équipe d'enfants qui exercera un ministère d'évangélisation au moyen de sketchs ou de marionnettes ; ensuite laissez-les organiser les activités d'évangélisation dans le voisinage. Donnez aux enfants plus âgés la possibilité de servir dans les classes d'enfants plus jeunes.

Demandez à Dieu de vous montrer comment donner aux enfants l'occasion d'être des témoins courageux et de faire travailler leurs « muscles spirituels. »

Dieu a donné à chacun des aptitudes et des dons différents qui pourront être utilisés pour répondre aux besoins des autres (voir 1 Corinthiens 12.7-11 ; Éphésiens 4.11, 12 et Romains 12.6-8). Lorsque les enfants remplis de l'Esprit sont encouragés à utiliser la puissance que Dieu leur a accordée, le Saint-Esprit est alors à même de leur montrer leurs dons uniques au sein du corps de Christ.

Lorsque vous créez une atmosphère dans laquelle les enfants peuvent expérimenter la puissance de la Pentecôte, vous les aidez à devenir des croyants remplis de l'Esprit, des croyants influents. Ces croyants accompliront la mission de Dieu : ils annonceront Son message de salut jusqu'aux extrémités de la terre !

CHAPITRE 7 : COMMENT PUIS-JE AIDER LES ENFANTS À GRANDIR DANS L'ESPRIT ?

PARTIE 2 :

PLAN DE COURS : INSTRUIRE LES ENFANTS SUR LE BAPTÊME DANS LE SAINT-ESPRIT

LE BAPTÊME DANS LE SAINT-ESPRIT

Le Baptême dans le Saint-Esprit est un don de puissance que nous accorde Dieu pour que nous soyons Ses témoins

---

Plan de la Leçon

1. **Jeu/activité d'introduction : « Ho ! Hisse ! »** – Formez des équipes et dites à chacune de tirer un tas de briques à l'aide d'une corde. Puis aidez l'une des équipes à tirer le tas de briques pour montrer que Dieu nous donne le pouvoir de mener à bien la tâche qu'Il nous confie.

2. **Spectacle de marionnettes/comédie : « Le don du Saint-Esprit »** – Sortez d'un coffre ou d'une boîte des objets qui représentent ce que le Saint-Esprit fait pour nous ; à chaque fois que vous en sortez un, une marionnette ou un personnage de comédie fait le pitre en prétendant ne pas comprendre à quoi sert l'objet.

3. **Verset : « Passage d'entraînement, Actes 1.8 »** – Lisez le verset deux fois seulement, puis demandez aux enfants de le réciter de mémoire. Ensuite, aidez-les en mimant le verset.

4. **Histoire biblique : « Avant et Après »** – Racontez l'histoire de Simon Pierre comme s'il s'agissait de deux personnages différents : Simon et Pierre. Montrez la transformation qui s'est opérée dans sa vie à la suite de son Baptême dans le Saint-Esprit.

5. **Activité d'éveil 1 : « Propre ou Sale »** – Utilisez un verre sale et un verre propre pour montrer que le Saint-Esprit ne remplira qu'un cœur pur.

6. **Activité d'éveil 2 : « Sur l'Étagère »** – Remplissez un verre d'eau et mettez-le de côté sans le boire pour expliquer que le Saint-Esprit ne remplira pas celui qui n'a aucune intention d'utiliser Son don.

7. **Activité d'éveil 3 : « Est-ce plein ? »** – Montrez que, pour déborder, un verre doit être plein. Expliquez que nous déborderons lorsque nous serons remplis du Saint-Esprit.

8. **Autel : « Le Baptême dans le Saint-Esprit »** – Encouragez les enfants à rechercher le Baptême dans le Saint-Esprit.

1. Jeu/Activité d'introduction : « Ho ! Hisse ! »

Formez des équipes et dites à chacune de tirer un tas de briques à l'aide d'une corde. Puis aidez l'une des équipes à tirer le tas de briques pour montrer que Dieu nous donne le pouvoir de mener à bien la tâche qu'Il nous confie.

Participants :

- Le professeur

- Deux équipes de trois enfants chacune

Accessoires :

- Un tas de briques (entre 5 et 10)

- Une corde

- Quelque chose pour tracer des lignes par terre – une ligne d'arrivée et une ligne de départ

Préparation :

- Tracez deux lignes sur le sol sur le devant de la salle de classe à environ trois mètres l'une de l'autre. Attachez la corde aux briques ; attachez autant de briques que vous pouvez tirer vous-même. Placez les briques sur la ligne de départ. Posez l'autre extrémité de la corde sur la ligne d'arrivée.

Instructions :

Formez deux équipes de trois enfants chacune. Faites en sorte qu'une équipe comprenne des enfants plus petits et plus faibles que les enfants de l'autre équipe. Expliquez que chaque équipe doit se

61

tenir derrière la ligne de départ et tirez la corde pour déplacer les briques de la ligne de départ à la ligne d'arrivée. L'équipe la plus rapide l'emporte. Dites aux autres enfants d'encourager l'équipe la plus susceptible de gagner.

Faites passer en premier l'équipe avec les enfants les plus grands. Donnez-leur le signal de départ, et chronométrez-les ou, si vous n'avez pas de chronomètre, comptez les secondes à voix haute. Lorsque les briques franchissent la ligne d'arrivée, faites part du chronométrage à toute la classe.

Remettez les briques sur la ligne d'arrivée et dites à la deuxième équipe composée des enfants plus petits de se mettre en place. Donnez le coup d'envoi. Après quelques secondes, intervenez rapidement et emparez-vous de la corde au point d'attache des briques. Aidez les enfants à tirer les briques jusqu'à la ligne d'arrivée le plus vite possible. Annoncez le chronométrage de la deuxième équipe et déclarez-la vainqueur.

Il est fort probable que la première équipe, et peut-être même d'autres élèves, se mettront à râler en disant que le jeu était truqué. Expliquez-leur que le jeu n'était qu'un exemple de ce que nous allons étudier dans la leçon d'aujourd'hui.

Dites aux enfants que Dieu nous a donné un travail à faire. À l'image de la première équipe, nous pouvons essayer de le faire tout seul, et peut-être même y arriverons-nous. Mais Dieu désire nous aider. Il veut nous accorder la puissance nécessaire pour mener à bien notre travail encore mieux que ce que nous aurions pu faire par nos propres forces. De la même façon, le professeur a aidé la deuxième équipe à l'emporter et à être plus puissante pour la pousser au-delà de ses propres forces.

Conseils :

- Faites ce jeu pour récompenser les enfants qui se conduisent bien en classe. Annoncez que vous choisirez uniquement les élèves attentifs et obéissants en cours.

- À la fin de l'activité, l'explication doit être courte. Ce n'est que l'introduction de l'idée principale du cours. Plus tard, vous parlerez du travail que Dieu nous a confié et vous direz aux enfants qu'Il nous revêt de Sa puissance afin que nous puissions le mener à bien. Soyez vague dans votre explication afin de piquer la curiosité des élèves concernant le reste de la leçon.

- Dites aux enfants que, si vous avez le temps, à la fin du cours, d'autres équipes pourront jouer pour voir quelle équipe peut tirer les briques en moins de temps possible. Cela incitera les enfants à rester concentrés sur la leçon et vous permettra également de ne pas avoir de temps mort à la fin de la leçon.

- Assurez-vous que les briques sont bien attachées à la corde. Si vous pouvez vous procurer des briques avec des trous au milieu, attachez-les solidement en faisant passer la corde à travers les trous.

2. SPECTACLE DE MARIONNETTES/COMÉDIE : « LE DON DU SAINT-ESPRIT »

Sortez d'un coffre ou d'une boîte des objets qui représentent ce que le Saint-Esprit fait pour nous ; à chaque fois que vous en sortez un, une marionnette ou un personnage de comédie fait le pitre en prétendant ne pas comprendre à quoi sert l'objet.

Participants :

- Le professeur

- Un personnage de comédie (vous pouvez utiliser une personne déguisée ou une marionnette, selon la disponibilité)

Accessoires :

- Une carte

- Un fruit

- Un marteau

- Une poupée

- Un manuel scolaire

- Une pile (aussi grosse que possible)

- Un coffre ou une boîte suffisamment large pour contenir tous les objets mentionnés ci-dessus

- Une marionnette, ou un clown (Dans la leçon, nous utilisons une marionnette, mais vous pouvez remplacer la marionnette par une personne déguisée de manière amusante, si vous préférez.)

Préparation :

• Copiez la liste ci-dessous sur un petit morceau de papier :

Carte	=	Guide	Jean 16.13
Fruit	=	Fruit de l'Esprit	Galates 5.22
Marteau	=	Outils	1 Cor.12.7-11
Poupée	=	Réconfort	Jean 14.16
Manuel scolaire	=	Formation	Jean 14.26
Pile	=	Puissance	Actes 1.8

• Scotchez la liste à l'intérieur du coffre de manière à bien pouvoir
la lire. Si vous le désirez, vous pouvez décorer le coffre pour qu'il
ressemble à un cadeau. Collez le panneau « SAINT-ESPRIT » à
l'extérieur du coffre.

• Répétez le sketch avec la marionnette le plus souvent possible.

Instructions :

Sortez le coffre, mais tournez-le de façon à ce que les enfants ne
voient pas le panneau « Saint-Esprit ». Demandez aux enfants s'ils
aiment les cadeaux. Dieu a de nombreux cadeaux pour nous, mais
aujourd'hui, nous allons parler d'un cadeau bien particulier. C'est un
cadeau qui en contient plusieurs autres. Voulez-vous savoir ce qu'il y
a à l'intérieur de mon coffre ? *(C'est à ce moment-là qu'entre en
scène la marionnette.)*

Marionnette : *(Entre la scène en criant...)* « Moi, moi ! Montre-
moi ce qu'il y a dans le coffre. Je veux voir. »

Professeur : *(Calmez la marionnette et ensuite demandez...)*
« Comment t'appelles-tu ? »

Marionnette : « Je m'appelle Agbay. » (*Utilisez le nom qui vous convient.*)

Professeur : « Eh bien, Agbay, calme-toi et je te montrerai, à toi et à tous les enfants ici présents, ce que j'ai dans mon coffre. Ce coffre représente le don du Saint-Esprit que Dieu nous donne. *(Tournez le coffre pour montrer le panneau.)* Le Saint-Esprit comprend en réalité plusieurs dons car Il fait de nombreuses choses pour nous. J'ai plusieurs objets dans ce coffre qui représentent certaines choses que le Saint-Esprit fait pour nous. Voulez-vous les voir ? »

Marionnette : « Oui, oui, montre-nous s'il te plaît ! Oh s'il te plaît, s'il te plaît, je t'en prie, s'il te plaaaaaaaaaît, montre-nous. »

Professeur : « D'accord, d'accord, Agbay. Pas besoin de t'agiter, je te les montre. Le premier don du Saint-Esprit, c'est…ça ! » *(Sortez la carte du coffre.)*

Marionnette : « Une carte ? Je n'ai pas besoin de carte. Je sais où je suis. Je suis… mmm… je suis… euh… je suis… ah ! Je suis ici. Tu vois ? Je sais exactement où je suis. Je n'ai pas besoin de carte. »

Professeur : « Agbay, le Saint-Esprit ne nous donne pas une vraie carte. La carte représente un don du Saint-Esprit. C'est le don de direction. Jean 16.13 dit que le Saint-Esprit conduit et dirige notre vie. »

Marionnette : « Comme une carte nous indique la direction à prendre. »

Professeur : « Oui, comme une carte. Mais ce n'est pas tout ; le Saint-Esprit fait d'autres choses pour nous. Voyez ce qu'il y a d'autre dans le coffre. » *(Posez la carte, et sortez le fruit du coffre.)*

Marionnette : « Super ! C'est l'heure du goûter ! Miam, miam ! Donne-le-moi ! Je meurs de faim. »

Professeur : « Non Agbay, ce n'est pas ton goûter. Ce fruit nous rappelle que l'un des dons du Saint-Esprit est Son fruit. Lorsque nous parlons du fruit de l'Esprit, nous faisons référence aux bonnes choses que le Saint-Esprit place dans nos cœurs, des choses comme l'amour, la joie, la paix, la patience et plusieurs autres vertus énumérées dans Galates 5.22 et dans d'autres versets. »

Marionnette : « Alors tu veux dire qu'on ne peut pas manger le fruit du Saint-Esprit ? »

Professeur : « Non, mais si tu es sage, tu pourras le manger après le cours. À présent, voyons quels autres dons nous réserve le Saint-Esprit. *(Mettre le fruit de côté et sortez le marteau du coffre.)*

Marionnette : *(Lorsqu'Agbay voit le marteau, il pousse un cri et se cache.)*

Professeur : « Agbay ! Qu'est-ce qui ne va pas ? Pourquoi as-tu si peur ? »

Marionnette : *(D'une voix tremblante et effrayée.)* « Ne t'approche pas de moi avec ça. Il ne m'aime pas. »

Professeur : « De quoi veux-tu parler ? Du marteau ? » *(Tendez le marteau à la marionnette qui pousse un grand cri et se*

67

*cache une fois de plus. Vous pouvez vous amuser et refaire la
même action plusieurs fois.)* « Qu'est-ce qu'il y a ? C'est
juste un marteau. Il ne va pas t'attaquer. »

Marionnette : « Si. Il ne m'aime pas. À chaque fois que je
m'approche d'un m-m-marteau, il me tape. Il me tape sur
l'orteil ou sur le doigt et parfois même sur la tête. Comment
peux-tu dire que quelque chose d'aussi dangereux est un don
du Saint-Esprit ? »

Professeur : « Ce n'est pas si dangereux que ça si tu fais
attention. Ce marteau est dans mon coffre parce que c'est un
outil. Dans 1 Corinthiens 12.7-11, il nous est dit que le Saint-
Esprit nous donne les outils nécessaires pour pouvoir aider
tous ceux qui sont dans l'église. »

Marionnette : « O.K., O.K., j'ai compris. Le Saint-
Esprit… outils… cadeau génial ! Maintenant, débarrasse-toi
de cette chose épouvantable. »

Professeur : « Entendu *(Posez le marteau.)* ; à présent, j'ai
quelque chose qui n'est pas aussi terrifiant. » *(Sortez la
poupée du coffre.)*

Marionnette : « Poupette ! Où as-tu trouvé ma poupée ? Rends-
la-moi ! Je veux ma poupée. » *(Le professeur tend la poupée
à la marionnette qui la prend et se blottit contre elle.)* « Ma
Poupette, qu'est-ce que tu m'as manqué ! »

Professeur : « Est-ce qu'elle t'aide à te sentir mieux ? Est-ce
qu'elle te remonte le moral ? »

Marionnette : « Oh que oui ! Avec Poupette, je me sens toujours
mieux. »

Professeur : « Très bien. Je suis content que tu te sentes mieux. C'est ce que fait le Saint-Esprit pour nous également. Jean 14.16 nous dit que le Saint-Esprit est notre Consolateur. Il nous réconforte lorsque nous rencontrons des problèmes ou que nous passons par des moments difficiles. *(Le professeur prend la poupée pour la mettre de côté et Agbay se met à gémir.)* Agbay, je te la rendrai après le cours ; nous avons deux autres cadeaux à considérer. » *(Posez la poupée et sortez le manuel scolaire du coffre.)*

Marionnette : « Quoi ? Un manuel scolaire ? C'est pas un cadeau, ça ! Personne n'aime étudier. »

Professeur : « Je ne suis pas d'accord avec toi, Agbay. Certaines personnes aiment étudier. Et plus important encore, tout le monde a besoin d'étudier et d'apprendre. Après tout, tu ne voudrais pas qu'on te considère comme une personne ignare, n'est-ce pas ? »

Marionnette : « Hé ! Est-ce que tu me traites d'imbécile ? »

Professeur : Non, mais si tu n'apprends jamais rien, alors les gens penseront que tu n'es pas très intelligent. Ce livre nous rappelle que nous devons apprendre. Nous devons être formés. Et la Bible nous dit, dans Jean 14.26, que le Saint-Esprit nous enseignera. » *(Mettez le manuel scolaire de côté.)*

Marionnette : « C'est génial ! Y'a pas à dire, le Saint-Esprit fait beaucoup de cadeaux. »

Professeur : « Oui, et il y en a encore d'autres dont nous pourrions parler aujourd'hui, mais je ne vais en mentionner qu'un de plus. C'est un cadeau très important, et c'est celui sur lequel nous allons nous attarder aujourd'hui. Ce cadeau est représenté par ça. » *(Sortez la pile du coffre.)*

Marionnette : « Une pile ! Qu'est-ce que cela signifie ? Est-ce que le Saint-Esprit va nous électrocuter ? Ou nous recharger ? »

Professeur : « Nous électrocuter ? Bien sûr que non ! Le Saint-Esprit est un don destiné à nous aider et non pas à nous faire mal. Mais tu n'étais pas loin de la réponse lorsque tu as dit qu'Il était là pour nous recharger. Le dernier cadeau que nous offre le Saint-Esprit est Sa puissance. De même que cette pile nous donne le courant, ou la puissance, nécessaire pour mener à bien une tâche, le Saint-Esprit nous donne la puissance nécessaire pour accomplir le travail qui nous a été confié. Actes 1.8 dit que Dieu nous donne la puissance qui vient d'en haut. Aujourd'hui, nous allons étudier cette puissance et voir comment nous pouvons la recevoir. »

Marionnette : « Puissance ? Ça me botte ! J'aime ça. Alors comment est-ce que je peux recevoir cette puissance exactement ? »

Professeur : « Je serais ravi de te le dire. En fait, je vais parler de la puissance du Saint-Esprit à tous ceux qui sont ici aujourd'hui. Reste assis tranquillement, mange ton goûter et écoute le reste de la leçon. »

Marionnette : « O.K., mais je prends Poupette avec moi. »

Professeur : « D'accord. Les dons du Saint-Esprit dont nous venons de parler sont ici. » *(Le professeur place le coffre derrière le théâtre de marionnette.)*

Marionnette : (*Agbay sort et on entend sa voix dans les
coulisses.*) « Ah ! Ce goûter est délicieux, n'est-ce pas
Poupette ? Et regarde ces supers cadeaux. Y'a le manuel et la
carte et AAAAAHHHH ! Non ! Pas le marteau. Éloignez-le
de moi... au secouuuuuurs ! »

Conseils :

- Ce sketch est censé divertir les élèves, alors profitez-en. La
marionnette ou le clown doit avoir un côté comique et faire rire
les enfants, mais ne perdez pas le contrôle des élèves. Souvenez-
vous que le sketch a pour objectif de présenter la leçon et
d'enseigner une vérité spirituelle aux enfants.

- Répétez le sketch plusieurs fois jusqu'à ce que vous puissiez
jouer votre rôle sans avoir à consulter le script. Vous ne pourrez
vous référer qu'à la liste scotchée à l'intérieur du coffre. Le
sketch semblera plus naturel si les acteurs n'ont pas le nez plongé
dans le script.

3. VERSET :
« PASSAGE D'ENTRAÎNEMENT, ACTES 1.8 »

Lisez le verset deux fois seulement, puis demandez aux enfants
de le réciter de mémoire. Ensuite, aidez-les en mimant le verset.

Participants :

- Le professeur

- Tous les élèves

Accessoires :

- Votre Bible

- Une liste de tous les gestes associés au verset *(Voir l'étape de préparation)*

Préparation :

Copiez la liste ci-dessous sur un morceau de papier :

- **Mais vous**... *(Montrez les enfants du doigt.)*
- **recevrez**... *(Faites une coupe avec vos deux mains en face de vous et ramenez-les vers vous.)*
- **une puissance**... *(Faites jouer vos muscles.)*
- **le Saint-Esprit**... *(Mettez vos deux pouces l'un sur l'autre et battez vos doigts comme s'ils étaient des ailes, puis levez les mains au-dessus de votre tête comme si c'était un oiseau.)*
- **survenant sur vous**... *(Continuez de battre vos mains comme un oiseau, et faites-les « atterrir » sur votre tête.)*
- **et vous**... *(Montrez les enfants du doigt.)*
- **serez mes témoins**... *(Faites un poing avec vos mains en face de votre bouche, puis ouvrez vos mains en faisant un mouvement extérieur, comme si des paroles sortaient de votre bouche.)*
- **Actes 1.8**... *(Levez un doigt, puis huit doigts.)*

Utilisez ce morceau de papier comme signet dans votre Bible pour marquer Actes 1.8.

Instructions :

Expliquez aux enfants qu'ils ont besoin de s'informer de ce que dit la Bible au sujet de la puissance du Saint-Esprit. À présent, ils vont apprendre un verset important de la Bible. Dites-leur que vous

voulez voir s'ils peuvent le faire sans votre aide. Dites-leur de vous
écouter attentivement lorsque vous lirez le verset lentement et d'une
voix claire.

Lisez le verset une deuxième fois en ajoutant les gestes. À
présent, dites aux enfants de répétez le verset tout seul. (*Peut-être
devrez-vous leur donner les deux premiers mots pour les faire
commencer à l'unisson.*) À mesure qu'ils récitent le verset, faites les
gestes pour leur rappeler ce qui vient ensuite.

Après qu'ils aient terminé, encouragez les enfants en leur disant
qu'ils s'en sont bien tirés. Demandez-leur s'ils ont eu besoin d'aide.
*(Donnez-leur le temps de répondre. Vous voulez qu'ils reconnaissent
que vous les avez aidés avec vos gestes.)*

Expliquez-leur que le Saint-Esprit nous a donné un travail à
faire : nous devons être des témoins dans le monde entier. Mais Il
nous aide également ; Il nous donne la puissance nécessaire pour
mener à bien ce travail. Nous recevons cette puissance lorsque nous
sommes baptisés dans le Saint-Esprit.

Dites-leur de répéter le verset avec vous une fois de plus. Cette
fois-ci, incitez-les à faire les gestes avec vous. Répétez le verset
plusieurs fois, ensuite dites-leur de le faire tout seul.

Après qu'ils aient mémorisé le verset, dites-leur que nous avons
appris ce que dit la Parole de Dieu et qu'à présent nous allons voir en
quoi cela s'applique à notre vie. Nous allons voir ce que nous devons
faire pour être baptisés dans le Saintet recevoir la puissance d'être les
témoins de Dieu.

Conseils :

• Souvenez-vous que l'objectif de ce jeu/cette activité est d'enseigner le verset à chaque enfant. Les gestes viendront renforcer l'apprentissage. Assurez-vous que tous les enfants font les gestes. Soyez encourageant.

• Si vous enseignez à des jeunes enfants, il sera peut-être nécessaire de répéter le verset plusieurs fois avec les gestes avant qu'ils puissent le faire tout seul.

4. HISTOIRE BIBLIQUE : « AVANT ET APRÈS »

Racontez l'histoire de Simon Pierre comme s'il s'agissait de deux personnages différents : Simon et Pierre. Montrez la transformation qui s'est opérée dans sa vie à la suite de son Baptême dans le Saint-Esprit.

Participants :

• Le professeur

• Tous les élèves répondront aux questions

Accessoires :

• Découpages de deux visages : Simon et Pierre *(voir le diagramme dans la section Préparation)*

• Tableau noir et craies *(ou tout autre dispositif permettant de dessiner des images que tous les enfants pourront voir)*

Préparation :

• Dessinez deux visages, celui de Simon et celui de Pierre, en suivant les instructions données ci-dessous. Utilisez une petite assiette ou tout autre objet rond de taille similaire pour tracer deux cercles jointifs sur une grande feuille de papier. Les cercles doivent être aussi larges que possible afin que les enfants puissent facilement voir les visages et l'inscription.

• Utilisez du papier suffisamment épais afin que les mots inscrits sur un côté ne soient pas visibles sur le côté inverse. Si vous ne disposez pas de papier épais, découpez deux double-cercles, faites les dessins, un côté sur chaque feuille de papier séparée et collez les deux morceaux dos-à-dos. Les deux côtés de la feuille doivent se présenter ainsi :

À l'extérieur   À l'intérieur

- Lorsque vous aurez fini de dessiner et d'écrire sur les deux côtés du découpage, pliez-le en deux. Assurez-vous que les visages sont orientés vers l'extérieur et que l'inscription est cachée à l'intérieur.

- Passez en revue les dessins à utiliser avec l'histoire. Dessinez 13 cercles au tableau avant le début du cours. Vous les utiliserez pour faire des dessins. Faites-les aussi larges que possible afin que tous les élèves puissent les voir.

- Lisez Actes 1 et 2. Relisez l'histoire et entraînez-vous à la raconter en utilisant les dessins.

Instructions :

Sortez le découpage des visages de Simon et de Pierre ; assurez-vous bien que les deux morceaux de papier sont suffisamment bien pliés afin de cacher l'inscription qui se trouve à l'intérieur. Dites aux enfants que vous allez leur raconter l'histoire de deux hommes. Le premier s'appelle Simon ; c'était un homme lâche. (*Montrez le visage de Simon aux enfants.*) Le deuxième homme s'appelle Pierre ; c'était

un homme courageux. (*Montrez l'autre côté du visage pour présenter*
« Pierre » aux enfants.)

Avant d'entamer l'histoire, demandez aux enfants de vous aider à
mieux faire connaissance avec Simon et Pierre en jouant à un jeu.
Lisez les phrases ci-dessous et demandez aux enfants de vous dire si,
d'après eux, la phrase correspond à Simon le lâche ou à Pierre le
courageux. Pour révéler la bonne réponse, montrez le visage
correspondant à la phrase.

- Cet homme, qui avait suivi Jésus pendant trois ans, a menti en
  disant ne pas Le connaître. (*Simon*)

- Cet homme, après que les dirigeants religieux lui aient interdit de
  parler de Jésus, s'est immédiatement remis à Le prêcher. (*Pierre*)

- Cet homme a annoncé la bonne nouvelle de Jésus à une foule de
  trois mille personnes. (*Pierre*)

- Cet homme a eu peur de dire à une petite fille qu'il connaissait
  Jésus. (*Simon*)

- Cet homme s'est caché des soldats romains après que Jésus ait été
  crucifié. (*Simon*)

- Cet homme a été condamné à mort pour avoir annoncé la bonne
  nouvelle de Jésus, mais Dieu a envoyé un ange pour le libérer de
  prison. Après avoir été libéré, il s'est remis à prêcher. (*Pierre)*

Dites aux enfants que bien qu'il semble que Simon et Pierre
étaient deux hommes entièrement opposés, ils n'étaient en fait qu'un
seul et même homme. Simon était un disciple de Jésus. Avant de
retourner au ciel, Jésus a changé le nom de Simon et lui a dit que dès

lors il allait s'appeler Pierre. *(Pendant que vous parlez, passez du visage de Simon à celui de Pierre plusieurs fois.)*

Que s'est-il passé pour que cet homme, qui avait peur d'avouer qu'il connaissait Jésus à une petite fille, se mette soudainement à proclamer la bonne nouvelle de Jésus, et ce, au prix de sa vie ? Quelque chose s'est passée à l'intérieur de Simon Pierre, quelque chose qui lui a donné la puissance de parler de Jésus avec assurance.

(Ouvrez le découpage et montrez aux enfants l'inscription « Saint-Esprit » qui se trouve à l'intérieur). C'était le don de puissance, le Saint-Esprit qui a revêtu Simon Pierre et qui a opéré en lui une transformation radicale.

Histoire biblique :

Mettez le découpage de côté. Racontez l'histoire de Pierre le jour de la Pentecôte à partir d'Actes 1 et 2. Au fur et à mesure de l'histoire, dessinez une illustration dans chacun des 13 cercles ; référez-vous au guide ci-après. Ajoutez des détails ça et là selon votre lecture des Écritures.

Dessin 1 :

- Après Sa résurrection, Jésus a emmené Ses disciples au sommet d'une montagne.

- Il leur a dit d'aller par tout le monde et de faire des disciples.

- Mais d'abord, Il leur a donné l'ordre d'attendre et de prier jusqu'à ce qu'ils reçoivent un don de Dieu, un don qui leur donnerait la puissance nécessaire pour accomplir la tâche qui leur avait été confiée.

- Le regard émerveillé, les disciples assistèrent au moment où Jésus fut élevé au ciel.

Dessin 2 :

- Un ange apparut aux disciples alors que ces derniers avaient toujours les regards fixés vers le ciel.

- L'ange leur dit : « Pourquoi regardez-vous au ciel ? Jésus a été enlevé au ciel mais Il reviendra un jour de la même manière que vous L'avez vu partir. »

- Ensuite, les disciples descendirent de la montagne et retournèrent à Jérusalem.

Dessin 3 :

- Ils se rappelèrent que Jésus leur avait dit d'attendre et de prier jusqu'à ce qu'ils reçoivent un don de Dieu, un don de puissance.

- Alors ils se mirent à prier.

Dessin 4 :

- Ils prièrent pendant une heure.

- Savez-vous ce qui s'est passé après qu'ils aient prié pendant tout ce temps-là ?

Dessin 5 :

- Rien du tout.

Dessin 6 :

- Alors ils continuèrent à prier.

Dessin 7 :

- Ils prièrent pendant des heures et des heures ; en fait, leur prière dura toute la journée.

- Savez-vous ce qui s'est passé après avoir tant prié ?

Dessin 8 :

- Rien du tout.

Dessin 9 :

- Alors ils continuèrent à prier, et à prier et à prier encore.

Dessin 10 :

- Ils prièrent pendant des jours et des jours.

- Et savez-vous ce qui s'est passé ?

Dessin 11 :

- Cette fois-ci, quelque chose se passa.

- Ils entendirent un bruit comme celui d'un vent violent. Le bruit remplit toute la maison.

Dessin 12 :

- Ils virent ce qui ressemblait à des langues de feu qui vinrent se poser sur la tête de tous ceux qui étaient présents.

Dessin 13 :

- Tous ceux qui étaient dans la maison furent remplis du Saint-Esprit et se mirent à parler des langues qu'ils n'avaient jamais apprises selon que le Saint-Esprit leur donnait de s'exprimer.

Conclusion :

(Reprenez le découpage de Simon/Pierre.) C'est lors de cet
événement extraordinaire, que nous appelons le jour de la Pentecôte,
que Simon le lâche *(Montrez le visage de Simon.)* est devenu Pierre le
courageux. *(Montrez le visage de Pierre.)*

Le Saint-Esprit a déversé Sa puissance sur les disciples afin qu'ils
puissent annoncer la bonne nouvelle avec assurance. Ce même jour,
Pierre fit une prédication puissance et 3 000 l'entendirent et se
convertirent.

Au cours des semaines et des mois qui ont suivi, Pierre continua à
prêcher avec assurance, même après avoir été menacé, jeté en prison
et même condamné à mort. Rien ne pouvait l'arrêter car il avait été
revêtu de la puissance du Saint-Esprit. *(Ouvrez le découpage une fois
de plus pour montrer aux enfants l'inscription « Saint-Esprit » qui se
trouve à l'intérieur.)*

Conseils :

- Entraînez-vous à faire les dessins avant le cours. Faites les
  dessins à mesure que vous parlez. Les dessins sont simples pour
  que vous puissiez parler et dessiner en même temps.

- Si vous le désirez, vous pouvez utiliser la feuille ci-après pour
  vous aider à vous rappeler ce qui vient ensuite, mais le plus
  important est que vous vous souveniez de raconter l'histoire et de
  ne pas la lire. Regardez les enfants dans les yeux lorsque vous
  n'êtes pas occupé à dessiner.

Guide pour Dessiner des Images

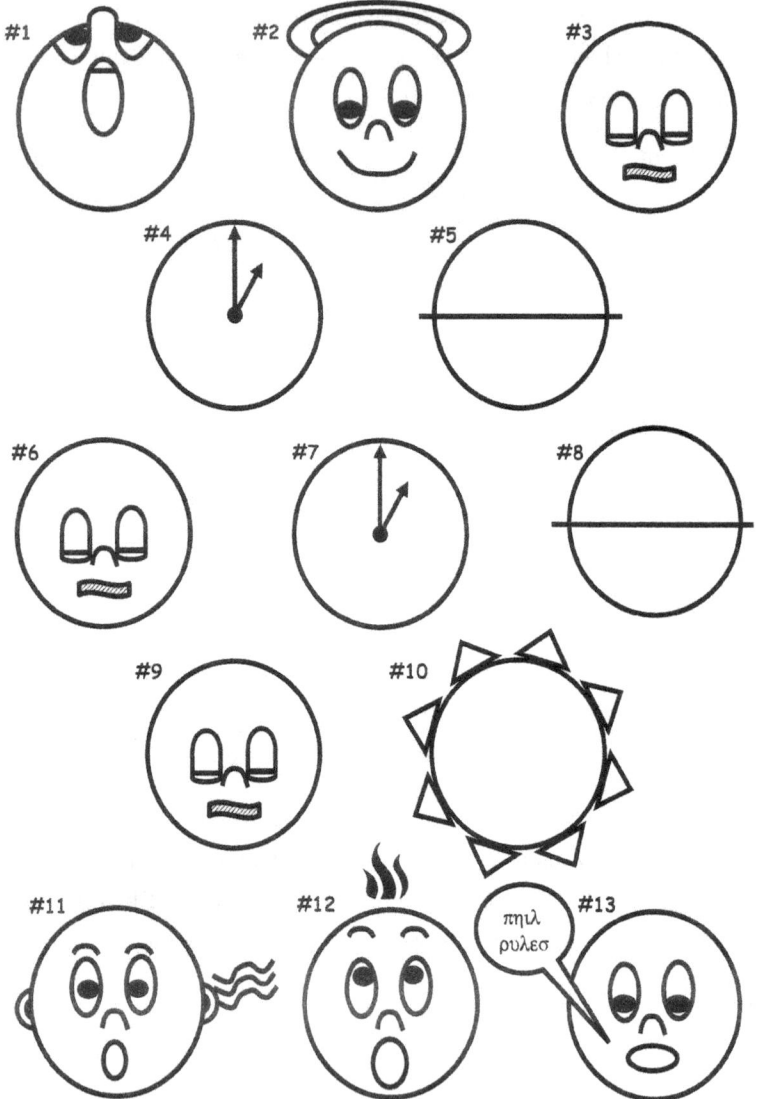

5. ACTIVITÉ D'ÉVEIL 1 :
« PROPRE OU SALE »

Utilisez un verre sale et un verre propre pour montrer que le Saint-Esprit ne remplira qu'un cœur pur.

Participants :

• Le professeur

Accessoires :

• Un verre ou une tasse translucide

• De la boue

• Une serviette

• Une bassine remplie d'eau de vaisselle et un torchon

• Une carafe d'eau

• 5 ou 6 verres posés sur un plateau

Préparation :

• Recouvrez les parois intérieures du verre ou de la tasse translucide de boue. Les rebords doivent être propres afin que la boue ne soit pas visible de l'extérieur. Vous ne voulez pas que les enfants sachent qu'il y a de la boue à l'intérieur du verre ou de la tasse jusqu'à ce que vous le leur montriez.

• Placez la carafe d'eau et les verres sur le plateau et recouvrez le tout de la serviette.

Instructions :

Dites aux enfants qu'en lisant l'histoire nous avons vu l'impact que peut avoir le Saint-Esprit. À présent, nous allons voir comment nous pouvons être baptisés dans le Saintet utiliser Sa puissance pour être des témoins.

(Sortez le plateau avec les verres et la carafe d'eau. Placez-le sur une table ou une chaise et retirez la serviette. Faites en sorte que les enfants ne puissent pas voir le verre sale.)

(Prenez la carafe d'eau.) Dites aux enfants que la carafe d'eau représente le Saint-Esprit. La Bible compare l'Esprit de Dieu à de l'eau dans des versets comme Ésaïe 44.3.

(À présent, prenez le verre ou la tasse sale en vous assurant toujours que les enfants ne puissent pas en voir l'intérieur.) Les verres représentent nos vies. Le Saint-Esprit désire nous remplir de Sa puissance mais Il ne La gaspillera jamais de même que vous ne rempliriez jamais un verre d'eau avec pour intention de ne pas la boire et par conséquent de la gaspiller. *(Faites comme si vous alliez remplir le verre d'eau mais arrêtez-vous avant de le faire.)* Pourquoi parle-t-on de gaspillage ? Parce que personne ne voudrait boire dans ce verre. *(Montrez l'intérieur du verre sale aux enfants.)*

(Ensuite, versez un peu d'eau à l'intérieur du verre et montrez aux enfants l'eau boueuse.) Expliquez que verser de l'eau pure dans un verre si sale ne servirait à rien si ce n'est à gaspiller l'eau : est-ce que quelqu'un aimerait boire l'eau qui se trouve dans ce verre ? Que devriez-vous faire avant de remplir ce verre pour y boire ? *(Permettez aux enfants de répondre en disant que le verre a besoin d'être lavé.)*

(Sortez la bassine remplie d'eau de vaisselle et mettez-vous à laver le verre.) Expliquez aux enfants que le verre sale représente nos vies. À cause du péché, nos vies sont sales, comme l'intérieur du verre. Avant de pouvoir être remplis de la puissance du Saint-Esprit, nous devons être lavés de fond en comble. C'est ce que nous appelons le salut. Lorsque nous demandons à Jésus de nous pardonner toutes les mauvaises choses que nous avons faites, Il lave nos cœurs et ôte le péché.

(Montrez aux enfants l'intérieur propre du verre.) Expliquez que si nous voulons être baptisés dans le Saint-Esprit, nous devons tout d'abord demander à Jésus de nous sauver de nos péchés. Après que nos cœurs aient été purifiés, nous pouvons alors demander au Saint-Esprit de nous remplir. *(À ce moment-là, versez de l'eau dans le verre propre.)*

Dites aux enfants que c'est la première chose à faire pour être baptisé dans le Saint-Esprit, puis passez à la prochaine illustration.

Conseils :

- Souvenez-vous que les objets que vous tenez dans vos mains sont ce qui retient l'attention des enfants. Ne les mettez pas de côté. Apprenez à parler tout en lavant et en versant l'eau.

- Cette illustration est beaucoup plus efficace si vous attendez jusqu'à la dernière minute pour montrer l'intérieur du verre sale. Faites en sorte qu'il y ait suffisamment de boue dans le verre et qu'elle ait eu le temps de sécher pour qu'elle adhère mieux aux parois du verre.

6. ACTIVITÉ D'ÉVEIL 2 : « SUR L'ÉTAGÈRE »

Remplissez un verre d'eau et mettez-le de côté sans le boire pour expliquer que le Saint-Esprit ne remplira pas celui qui n'a aucune intention d'utiliser Son don.

Participants :

• Le professeur

Accessoires :

• La carafe d'eau utilisée dans la première illustration

• Une feuille de papier et du ruban adhésif

• Les verres utilisés dans la première illustration

Préparation :

• Dessinez un visage sur une feuille de papier ; le dessin doit recouvrir la moitié du verre. Scotchez-le sur un côté du verre et placez ce verre derrière les autres pour qu'il ne puisse pas être vu.

Instructions :

Dites aux enfants qu'il leur faut comprendre quelque chose d'autre de très important avant d'être baptisés dans le Saint-Esprit. (*Prenez le verre sur lequel est scotché le visage.*) Prenez cet autre verre par exemple. Supposez que ce verre soit comme nous et qu'il puisse parler et prendre des décisions. (*Tournez le verre pour montrer le visage aux enfants.*)

Ensuite, faites semblant d'avoir une conversation avec le verre. Le verre vous dit qu'il veut être rempli d'eau et vous lui demandez pourquoi. Le verre répond en disant que cela le fait se sentir important et qu'il veut tout simplement être rempli. Vous essayez de lui expliquer que votre eau est censée être utilisée pour aider les autres, ceux qui ont soif. Mais le verre ne tient aucun compte de ce que vous lui dites. Il ne fait qu'insister en disant qu'il veut être rempli. Vous finissez par lui donner de l'eau.

Le verre fait demi-tour ; déplacez-le comme s'il s'éloignait de vous. Continuez à parler au verre en lui demandant où il va. Le verre vous dit qu'il a ce qu'il voulait alors que maintenant il va aller s'asseoir sur l'étagère. Essayez de lui expliquer que vous l'avez rempli pour qu'il soit utilisé, mais il fait la sourde oreille et il part.

À présent, tournez-vous vers les enfants et dites-leur que vous vouliez vous amuser un peu. Malheureusement, le verre est comme de nombreux chrétiens. Nous disons que nous voulons être baptisés dans le Saintet remplis de Sa puissance, mais nous n'avons aucune intention d'utiliser ce don. Nous voulons juste nous sentir importants.

La Bible nous dit que la puissance du Saint-Esprit nous a été donnée afin que nous puissions mener à bien la tâche qui nous a été confiée. Demandez aux enfants s'ils savent ce en quoi consiste cette tâche. Encouragez-les à se rappeler le verset qu'ils ont appris jusqu'à ce qu'ils répondent que nous sommes censés être les témoins de Dieu.

Expliquez que le Saint-Esprit n'accordera pas Sa puissance à quelqu'un qui n'a aucune intention de l'utiliser. Si vous n'envisagez pas d'être un témoin pour Lui, alors vous n'avez pas besoin de Sa puissance. Si vous comptez simplement « vous asseoir sur l'étagère » et ne rien faire, alors vous n'avez nullement besoin de Son don. Mais si vous voulez véritablement accomplir l'œuvre de Dieu et être Son témoin, vous avez alors besoin d'être baptisé dans le Saint-Esprit et de recevoir Sa puissance.

Passez en revue, avec les enfants, les deux choses dont nous avons besoin pour être baptisés dans le Saint: 1) être sauvé et 2) être prêt à utiliser Sa puissance. Ensuite, passez à la prochaine illustration.

Conseils :

• Si vous disposez d'un théâtre de marionnettes, comme celui que vous auriez pu utiliser lors du spectacle de marionnettes précédent, vous pouvez présenter cette illustration sous la forme d'un autre spectacle de marionnettes. C'est au moment où vous dites que vous avez besoin d'un autre verre au début de l'illustration que la marionnette apparaît avec le verre sur lequel est scotché le visage. Ensuite, continuez le sketch en engageant une conversation avec le verre (animé par le marionnettiste). Ça ne fait rien si les enfants peuvent voir sa main. Cela permettra à votre saynète d'être encore plus comique.

• L'idée de parler à un verre peut paraître saugrenue, mais si vous présentez la saynète de façon comique, les enfants entreront dans le jeu. Amusez-vous et même s'il vous semble que vous avez l'air ridicule, cela ne fait rien. Le principal, c'est de faire passer votre message en amusant les enfants.

7. ACTIVITÉ D'ÉVEIL 3 : « EST-CE PLEIN ? »

Montrez que, pour déborder, un verre doit être plein. Expliquez que nous déborderons lorsque nous serons remplis du Saint-Esprit.

Participants :

- Le professeur

Accessoires :

- Les verres utilisés dans l'illustration précédente
- La carafe d'eau utilisée dans l'illustration précédente
- Un plateau

Préparation :

- Aucune préparation supplémentaire n'est nécessaire pour cette illustration

Instructions :

Dites aux enfants qu'ils ont déjà vu et appris ce qui est nécessaire pour pouvoir être baptisés dans le Saint-Esprit. À présent, comment peuvent-ils savoir qu'ils ont été remplis de la puissance du Saint-Esprit ?

(Prenez un autre verre translucide et assurez-vous que les enfants ne peuvent pas en voir l'intérieur.) Rappelez aux enfants que ce verre représente nos vies.

(Prenez la carafe d'eau.) Demandez aux enfants de vous dire quand, d'après eux, le verre est plein. *(Tenez le verre au dessus du*

plateau et commencez à versez lentement l'eau dans le verre.)
Continuez de demander aux enfants de lever la main dès qu'ils
pensent que le verre est plein. *(Lorsque le verre est à moitié plein,
versez l'eau encore plus lentement comme s'il était plein, puis
arrêtez-vous.)*

Demandez aux enfants de lever la main s'ils pensent que le verre
est plein. Pourquoi pensez-vous qu'il est plein ? En êtes-vous sûrs ?
(Donnez-leur l'occasion de répondre.) Dites-leur que le verre n'est
pas plein et que vous pouvez le prouver. *(Lentement continuez à
verser l'eau dans le verre. Arrêtez-vous une fois de plus comme si le
verre était plein, mais il ne l'est pas.)*

Demandez aux enfants de lever la main s'ils pensent que le verre
est plein. Pourquoi pensez-vous qu'il est plein ? En êtes-vous sûrs ?
(Donnez-leur l'occasion de répondre.) Dites-leur qu'ils ont tort une
fois de plus. *(Continuez à verser. Répétez le même processus
plusieurs fois jusqu'à ce que l'eau arrive à un centimètre du rebord
du verre.)*

Dites aux enfants qu'il y a un moyen et un seul de voir si le verre
est plein. Il n'y a qu'une chose à faire pour que tout le monde puisse
voir et savoir sans aucun doute. *(Remettez-vous à verser l'eau dans le
verre.)* Levez la main dès que vous pensez que le verre est plein.
(Continuez à verser jusqu'à ce que le verre déborde.) À ce moment-
là, tous les enfants lèveront la main pour signaler que le verre est
plein.

Posez les mêmes questions que précédemment. Pensez-vous que
le verre est plein ? Pourquoi donc ? En êtes-vous sûrs ? *(Donnez-leur
l'occasion de répondre.)* Expliquez qu'il en est de même pour le
Baptême dans le Saint-Esprit. Dieu nous a donné un signe afin que

tous voient et sachent, sans aucun doute, que nos vies ont été remplies de la puissance du Saint-Esprit.

Ce signe est le parler en langues. Lorsque nos vies sont entièrement remplies du Saint-Esprit, elles se mettent à déborder, comme nous l'avons vu dans l'illustration du verre. Le parler en langues est le don qui déborde de nous. Le parler en langues est un langage de prière spécial que Dieu nous donne. Nous ne comprenons pas ce que nous disons, mais l'Esprit de Dieu parle au travers de nous. C'est un signe pour nous et pour tous ceux qui nous entourent, un signe qui montre que nous avons été remplis de Sa puissance et que nous sommes prêts à l'utiliser pour être Ses témoins.

Dites aux enfants que nous avons appris ce que nous devons faire pour recevoir le Baptême dans le Saint-Esprit et comment nous pouvons savoir quand nous avons reçu ce don. À présent, nous allons prier et demander à Dieu de nous accorder le don du Saint-Esprit.

Conseils :

- Ne perdez pas de vue le but du cours. À ce stade de la leçon, il est facile de vouloir en dire plus sur le Saint-Esprit et il est certain que les enfants ont beaucoup plus de choses à apprendre sur ce sujet. Mais souvenez-vous que cette leçon se rapporte uniquement au Baptême dans le Saint-Esprit. Si vous essayez de trop en dire sur le Saint-Esprit, vous finirez par embrouiller les enfants.

- Cette illustration est très visuelle et parle d'elle-même. Ne vous éternisez pas sur les détails. Demandez aux enfants s'ils veulent recevoir le Baptême dans le Saint-Esprit et donnez-leur le temps de réagir face à ce que le Saint-Esprit fait dans leur vie.

8. AUTEL :
« LE BAPTÊME DANS LE SAINT-ESPRIT »

Encouragez les enfants à rechercher le Baptême dans le Saint-Esprit.

Participants :

• Le professeur

• Tous les enfants

Accessoires :

• Les verres utilisés dans les illustrations précédentes

• La carafe d'eau utilisée dans les illustrations précédentes

Préparation :

• Aucune préparation supplémentaire n'est nécessaire

Instructions :

Rappelez aux enfants qu'aujourd'hui nous avons parlé du don du Saint-Esprit de Dieu et, plus particulièrement, du don que l'on appelle le « Baptême dans le Saint-Esprit » qui nous est accordé lorsque le Saint-Esprit nous remplit de Sa puissance afin que nous puissions être Ses témoins.

Dites aux enfants qu'ils vont avoir l'opportunité d'être baptisés dans le Saint-Esprit. Voici trois choses importantes dont ils doivent se souvenir lorsqu'ils demandent au Saint-Esprit de les remplir de Sa puissance. Ils doivent :

Ouvrir leur cœur – (*Tenez un verre vide à l'envers.*)
Montrez aux enfants que l'on ne peut pas remplir un verre quand
il est à l'envers. Ce n'est que lorsque vous ouvrez votre cœur à
Dieu qu'Il peut le remplir. (*Tournez le verre dans le bon sens et
versez-y de l'eau.*)

    Ouvrir leur bouche – En d'autres termes, encouragez les
enfants à prier à voix haute. (*Placez votre main sur l'embouchure
du verre.*) Montrez aux enfants qu'il n'est pas non plus possible
de remplir un verre ni d'en faire sortir quoi que ce soit quand il
est couvert. Lorsque vous commencerez à prier, au début, vous
prierez avec des paroles que vous comprendrez. À mesure que le
Saint-Esprit déversera sur vous Son Esprit, vous vous mettrez à
prier dans une autre langue. Mais ce langage ne pourra pas sortir
si vous gardez la bouche fermée. Encouragez tous ceux qui
veulent prier à le faire à voix haute.

    Attendre – C'est probablement la chose la plus importante
que devront comprendre les enfants lorsqu'ils prient. Il arrive trop
souvent qu'ils prient pendant quelques instants, puis
abandonnent. Exhortez les enfants à continuer à prier jusqu'à ce
que le Saint-Esprit les remplisse. (*Tenez le verre et versez-y un
peu plus d'eau.*) Dites aux enfants que lorsque nous demandons à
Dieu de nous accorder Sa puissance, Il commence d'abord par
nous remplir. (*Continuez à verser de l'eau dans le verre à petite
dose.*) À chaque fois que nous Lui présentons notre requête, Dieu
entend notre prière et nous remplit toujours plus. (*Continuez à
verser de l'eau dans le verre.*)

Certains sont remplis plus vite car ils sont prêts plus tôt. Mais
pour d'autres, cela prend plus de temps. (*Continuez à verser de l'eau
dans le verre.*) Nous devons donner au Saint-Esprit le temps dont Il a

besoin pour agir dans notre vie. Si nous Lui accordons suffisamment de temps et que nous sommes prêts à utiliser Son don, alors Il nous remplira. (*Versez suffisamment d'eau dans le verre pour qu'il déborde.*) Nous aurons alors la preuve manifeste que nous avons été remplis de l'Esprit : nous parlerons en langues.

Invitez les enfants à prier. Vous et d'autres responsables pouvez vous déplacer à travers la salle et priez individuellement avec les enfants. Continuez à les encourager à prier à voix haute.

Conseils :

- Durant ces moments, vous pouvez également prier avec les enfants qui désirent accepter Jésus comme leur Sauveur. Rappelez-leur le verre sale et invitez ceux qui désirent que leur cœur soit purifié à se lever pour que vous puissiez prier avec eux.

- Lorsqu'un enfant est rempli de l'Esprit, encouragez-le à continuer à prier à voix haute pour montrer l'exemple aux autres. Si vous avez le temps, permettez à ceux qui ont été baptisés de faire part de leur expérience afin d'encourager les autres enfants. Cela n'est peut-être pas faisable immédiatement. Dans ce cas-là, prévoyez de le faire durant votre prochain cours.

- Encouragez tous les enfants. Si des enfants ne parlent pas en langues, rappelez-leur que Dieu est en train de les remplir à petite dose. Exhortez-les à continuer à demander à Dieu de leur accorder Sa puissance ; Il continuera de les remplir jusqu'à ce qu'ils débordent. Dites-leur que le Baptême dans le Saint-Esprit n'est pas limité à l'église. Il aura lieu au moment où le Saint-Esprit verra que leurs cœurs sont prêts et qu'eux-mêmes sont prêts à utiliser Sa puissance pour être Ses témoins.

AUTRES RESSOURCES

Boyd, pasteur David. « The Holy Spirit and Children », *Fanning the Flame*. Conseil Général des Assemblées de Dieu, Agence des ministères auprès des enfants, 20, (Printemps 2006) : 1-2.

Bridges, pasteur James K. « The Baptism in the Holy Spirit », *Fanning the Flame*. Conseil Général des Assemblées de Dieu, Agence des ministères auprès des enfants, 20, (Printemps 2006) : 6.

Burns, pasteur Billy. « Alive and Well in Your Kids », *Fanning the Flame*. Conseil Général des Assemblées de Dieu, Agence des ministères auprès des enfants, 20, (Printemps 2006) : 8.

Corbin, pasteur Ed & Sonja. « Leading Children in the Baptism in the Holy Spirit », *Children's Ministry Practicum*. Jackson's Ridge, Afrique du Sud, http://jacksonsridge.org (consulté le 12 mars 2007).

Crabtree, pasteur Charles. « The Holy Spirit in Me », *Fanning the Flame*. Conseil Général des Assemblées de Dieu, Agence des ministères auprès des enfants, 20 (Printemps 2006) : 12-13.

Elder, pasteur Keith. « Questions Children Ask about the Baptism in the Holy Spirit » http://4kids.ag.org/library/holy-spirit/index.cfm (consulté le 9 septembre 2006).

Conseil Général des Assemblées de Dieu. *Déclaration de Seize Vérités Cardinales*. Springfield, MO : Gospel Publishing House, 1994.

Gruber, pasteur Dick. « Baptism Basics » http://4kids.ag.org/library/holy-spirit/index.cfm (consulté le 9 septembre 2006).

_____. « The Importance of the Altar »
http://4kids.ag.org/library/holy-spirit/index.cfm (consulté le 9
septembre 2006).

« The Holy Spirit and You » http://4kids.ag.org/library/holy-
spirit/index.cfm (consulté le 9 septembre 2006).

Horton, pasteur Stanley M, ThD. « Your Sons and Your Daughters
Will Prophesy » http://4kids.ag.org/library/holy-spirit/index.cfm
(consulté le 9 septembre 2006).

Jorris, pasteur Barry. « After the Altar: Keeping the Fire Burning after
Kid's Camp », *Fanning the Flame*. Conseil Général des
Assemblées de Dieu, Agence des ministères auprès des enfants,
20, (Printemps 2006) : 7.

Martin, pasteur Ray. « Leading Your Kids Into the Fullness of the
Holy Spirit », *Fanning the Flame*. Conseil Général des
Assemblées de Dieu, Agence des ministères auprès des enfants,
20, (Printemps 2006) : 9.

Mastrorio, pasteur Lorraine. « Helping a Child Receive the Baptism
in the Holy Spirit » http://4kids.ag.org/library/holy-
spirit/index.cfm (consulté le 9 septembre 2006).

Rogge, pasteur Natalie. « Helping Kids Understand the Baptism in
the Holy Spirit » http://4kids.ag.org/library/holy-spirit/index.cfm
(consulté le 9 septembre 2006).

« Teaching Pentecostal Distinctives to Children »
http://4kids.ag.org/library/holy-spirit/index.cfm (consulté le 9
septembre 2006).

Autres Publications de la Décennie de la Pentecôte

Commander à <u>*ActsinAfrica.org*</u>

D'Azusa a l'Afrique et de l'Afrique aux nations (2006).
Denzil R. Miller

*Proclamer la Pentecôte : 100 plans de prédication sur la puissance
du Saint-Esprit* (2010). Mark Turney et Denzil R. Miller, éditeurs.
(Également disponible en anglais, espagnol, portugais, et le swahili)

*L'universalisation des missions Pentecôtistes en Afrique : Le
mouvement missionnaire émergent au sein des Assemblées de Dieu
d'Afrique (2011).* Denzil R. Miller and Enson Lwesya, éditeurs.
(Également disponible en anglais, 2014)

*Power for Mission : The Africa Assemblies of God Mobilizing to
Reach the Unreached* (2014). Denzil R. Miller
and Enson Lwesya, éditeurs.

AUTRES RESSOURCES

AUTRES RESSOURCES

Édition de la Décennie de la Pentecôte
© 2015 Phil and Robin Malcolm

www.ingramcontent.com/pod-product-compliance
Lightning Source LLC
Chambersburg PA
CBHW060130050426
42448CB00010B/2052